상황을 이끄는
리더가
성공한다

THE SITUATIONAL LEADER

Copyright ⓒ 1984 Center for Leadership Studies
230 W. Third Avenue, Escondido, California 92025
First Published 1984
Translated by permission
All right reserved
Korean copyright ⓒ 2000 by Torch publishers
55, Yangjae-dong, Seocho-gu, Seoul, Korea

이 책의 한국어판 저작권은 저작권자와의 독점적인 계약에 의해
도서출판 횃불에 있습니다.
저작권법에 의해 한국 내에서 보호를 받는 저작물이므로
무단전재와 무단복제를 금합니다.

상황을 이끄는
리더가
성공한다

폴 허시 지음
이영운 옮김

■ 서문

　지금은 관리의 실제와 문제를 이해하는 데 흥미로운 때이다. 인적자원의 활용여부가 기관(organization)의 전체적인 성공을 결정하는 실제 문제임을 절실히 깨닫게 해 주는 시기인 것이다. 회사의 우수성(excellence)은 결국 인사관리를 어떻게 하느냐에 따른 결과로 귀착될 것이다. 회사가 백대(百代) 우수한 관리회사에 들어가느냐 못 들어가느냐의 여부, 또 기관으로서 존재의 성패여부까지도 바로 '우리' 라는 사람들에게 달려 있다.

　인사관리의 중요한 기술에 대해서, 대학교의 교과과정은 기교적이고 이론적인 기술에만 중점을 두고, 비판적으로 접근하면서 단순히 입술로만 가르치는 경향이 있다. 하지만 실제상황이 벌어지는 작업장보다 더 좋은 곳은 없다. 많은 매니저들은 효과적인 훈련을 받을 수 있는 혜택이나 혹은 조언(mentoring)의 기회조차 거의 얻지 못했다. 인적자원을 유능한 매니저로 계발할 수 있는 과정으로 관찰이나 모델에만 의존할 수는 없다. 기관에서 마련하는 훈련의 대부분은 지나치게 구체적이거나 혹은 너무 피상적인 경향이 있다.

　오랫동안 사람들은 이론과 실제를 겸비한 인사관리 체계를 필요로 했다. 어떤 상황에서도 적용이 가능하고, 거시적이면서도 또 개괄적이고, 또 "이해하기 쉬운 체계"를 만드는 것이 아주 중요한 관건이었다. 그런 모델은 매니저들이 이해할 수 있고 또 실제로 자신들이 경험하는 인사관리의 문제점에 적용할 수 있는 명확한 언어로 제시되어야 한다.

새로운 접근 방법은 현재 사용되는 관리용어로 쓰여져야, 익히고 활용할 때 쉽게 터득될 수 있다. 더 나아가, 이런 모델은 중역급에서부터 초보적인 감독자도 수용할 수 있고 또 실천할 수 있는 타당성을 해결해야 한다.

상황대응형 리더십 모델은 폴 허시(Paul Hersey) 박사와 리더십연구센터(The Center for Leadership Studies)의 동료들에 의해 개발되었는데, 바로 이런 기준에 맞는다. 이런 접근방법은 호평받고 또 활성화되고 있는데, 현재 세계적으로 활용되는 많은 훈련 프로그램에 의해서 증명되고 있다.

이 책은 간단하고 간결하고 읽기 쉽도록 만들어서, 상황대응형 리더십 모델을 적용하는 데 큰 도움이 될 것이다. 이 책은 손쉽게 활용할 수 있는 참고서 같은 안내책자이고 또 누구에게나 적용할 수 있도록 극화시킨 예화를 담고 있다. 얇은 책이지만 상황대응형 리더십을 위해서 간단하면서도 인상적인 지침을 제공해 준다.

이 작은 책자는 가장 귀중한 자원이 되는 사람들에 대한 인사관리를 질적으로 향상시키기 위한 계속적인 연구에 커다란 공헌을 제공한다고 확신한다.

제이 윌리엄 프리퍼
대학교 협의회 회장
캘리포니아주 샌디에고시

차 례

서문 4

프롤로그 11
서론 12

제1장 인사관리 Managing People
이야기 15
배경 19
　초보로서의 시작 20
　직원 통솔 26
　항상 망치만 갖고 일할 수는 없다 27
에필로그 28

제2장 리더십 스타일 Leadership Styles
이야기 29
배경 31
　독재적인 지도자 스타일 대 민주적인 지도자 스타일 32
　업무추진형 행동 34
　인간관계형 행동 35
　태도와 행동 35
　리더십 스타일 36
에필로그 43

제3장 상황 판단 Assessing the Situation

이야기 45
배경 47
  부하들의 준비상태 49
  준비상태의 수준 51
에필로그 55

제4장 적합한 지도 스타일 선택
Selecting Appropriate Styles

이야기 57
배경 61
  상황대응형 리더십 모델 63
  모델들을 활용함 68
에필로그 73

제5장 책임 담당 Taking Charge

이야기 75
배경 78
  영향력 있는 잠재력 78
  직책상의 권력과 인격적인 권력 79
  최고의 권력기반은? 82

상호작용의 영향력 구조 83
인식의 문제 84
데이터 출력 84
권력과 리더 스타일 85
에필로그 87

제6장 승리자로서의 성장 Growing Winners

이야기 89
배경 93
  지도자를 위해서 무엇이 필요한가? 93
  사람에 대한 긍정적인 신념! 96
  인력개발 98
  준비상태를 끌어올리기 99
  위험부담을 산출함 99
  사람들은 조금씩 성장한다 100
  포상(Reward)으로서의 관계행동 102
  성장에 따라, 필요가 바뀐다 102
  포상의 활용 105
  포상해야 하나 아니면 징계해야 하나? 106
  개발을 일찍 시작하라 106
에필로그 108

제7장 업무수행의 문제해결
Solving Performance Problems

이야기   109

배경   112

   업무수행능력의 뒤처짐을 관찰함   112

   사람들을 지금 그대로 인정하라   113

   적절한 시기   114

   감정표현의 다양한 단계   115

   업무수행에 초점 맞추기   116

   구체화하라…당신의 과제부터 처리하라   117

   개인적으로 처리하라   118

에필로그   120

결론   121

   누가 상황대응형 리더인가?   121

뒷이야기   123

감사의 글   126

저자 소개   127

역자의 글   128

프롤로그

테일러씨의 부서가 지난 2년 동안 다른 모든 부서들보다 엄청난 능력을 발휘해서 두각을 나타낸 것은, 모든 사람들이 인정할 만한 당연한 사실이었다.

원가는 절감되고, 반품은 거의 없었고, 상습적인 결근은 과거사가 되었다. 다른 부서를 모두 합친 것보다 더 많은 혁신적인 아이디어가 테일러씨의 부서에서 창출되었다. 더욱이, 그룹 내에는 눈에 띌 만한 자신감들이 나타났다. 의심할 여지없이, 테일러씨는 회사 내에서 혁신적인 일을 하기에 가장 적합한 사람이었다.

상급간부들은 의심할 여지없이 테일러씨가 새로운 업무에서도 혜성처럼 빛나리라고 생각하고 그를 선호했지만 그런 전문가를 다른 부서로 재배치하는 것은 걱정스러운 일이었다. 자연스럽게, 회사는 테일러씨가 추천한 로저스를 교체요원으로 테일러씨의 자리에 임명했다. 서류상으로 로저스는 상당히 좋게 평가되고 있었다. 문제는, 로저스가 그만한 추진력과 생산성을 유지할 수 있느냐였다.

서론

이 책은 상황대응형 지도자에 대한 이야기이다. 상당한 압박감 속에서, 훌륭한 업무성취와 부하직원들의 능력을 개발하기 위해서, 또 조직의 성공에 기여하기 위해서 수고하는 지도자에 관한 이야기인 것이다. 이 책은 원하는 방향으로 일이 해결되지 않을 때—**특히 다른 사람들이 연관된 경우**—지도자로서 또 매니저로서 **당신의** 잠재력을 극대화하도록 **당신**을 돕는 데 목적이 있다.

그것은 일반적인 문제점이다. 보통, 사소한 일들은 다른 사람의 협력이 없이도 성취될 수 있다. 집에서, 학교에서, 혹은 직장에서, 다른 사람들의 행동으로 당신의 성공이 결정되는 상황에 처하는 경우도 종종 있는 것이다.

이제껏, 탁월한 업적을 추구해 왔고… 최신 트랜드의 큰 흐름을 분석해 왔고… 매니저가 1분 안에 무엇을 할 수 있는지 배워 왔지만, 그것은 **나머지 59분**을 염두에 둔 시간개념이다. 우리에게 필요한 것은, 직면한 현재의 난제 앞에서 리더십을 발휘하여 전략을 세우도록 도와주는 실제적인 모델이어야 한다. 왜냐하면 지도(Leading)와 관리(Managing)는 **매일 매시간** 수행해야 할 풀타임(full-time) 업무이기 때문이다.

종종 리더십과 관리라는 수단은, 정작 그것을 활용해야 할 현장 사람들에게 제대로 활용되지 못한다. "상아탑"에서 "작업 현장"까지의 중간 어딘가에서, 대부분의 이론들이 영향력을 잃어버리는 것이다. 유용한 정보들이 폐기되는 것은 안타까운 일이다. 이런 이론들이 활용되지 않은 이유는 정보가 반복되거나 활용될 수 있는 실제적인 모델들로 변형되지 않았기 때문이다.

이제는 모델과 이론을 구분하는 데에 유의해야 한다. 이론은 왜 사건들이 그런 식으로 발생하는지를 설명하거나 해석하려고 노력한다. 이론은 사건들을 다시 반복하기 위한 것은 아니다. 반면에, 모델은 이미 존재하는 사건의 스타일로서, 배울 수 있으며 반복될 수 있다. 예를 들면, 왜 포드(Henry Ford)사가 자동차의 대량생산에 흥미를 느꼈는지에 대해서 생각한다면, 그것은 이론으로 다루게 될 것이다. 하지만, 당신이 자동차의 대량생산에 필요한 과정과 결과를 기록한다면, 이것은 모델이라고 할 수 있다.

이 책은 "상황대응형 리더"라는 특정 모델을 제시하고 있다. 전체 일곱 장은 모두 이야기, 배경, 에필로그라는 세 부분으로 구성되어 있다. "이야기"는 부서장(General Manager)과 새로 임명된 매니저간에 나누는 대화이다. "배경"은 상황대응형 리더십을 개발하고, 해설하고, 적용하는 내용이다. "에필로그"는 중심 주제들을 요약하고 또 다음 장으로 연결하기 위한 전환을 유도한다.

이제, 이야기로 넘어가자.

제1장

인사관리 Managing People

성공적인 리더십은 단지 "시범"만 보여주는 것보다 더 큰 것을 요구한다.
검증된 개념의 적용이며 업무가 제 시간에 끝나기 위해 필요한
'시간관리'의 기술이다.

이야기

월요일 아침이다. 2년 동안 이 작업장을 이끌었던 테일러씨가 작업 현장에 들르지 않고 출근한 첫 번째 월요일 아침이었다. 모든 눈길이 로저스에게 쏠린 것 같았다. 부서장은 방금 자신에게 보고서를 제출한 로저스와 테일러씨의 인상적인 실적을 의논하기 위해서, 또 과도기를 가능한 부드럽게 넘기기 위해서 들른 것이다. 평상시처럼 커피를 마시면서, 정중한 인사를 나눈 후에, 부서장은 로저스에게 피할 수 없는 질문을 던졌다.

부서장(General Mgr) : 글쎄, 난 말이야, 이 말을 해야 될지는 모르지만, 자네가 너무 욕심을 내고 있는 것 같은데……. 자넨 어떻게 생각하나?

로저스 : 걱정이 안 된다고 말하면 거짓말이겠죠. 하지만 저는 준비가 됐습니다. 테일러씨와 저는 리더십(Leadership)과 관리(Management)에 대해서 상당히 오랫동안 토론했습니다.

부서장 : 리더십과 관리! 자네는 그게 다르다는 말인가?

로저스 : 예, 명확한 구분이 있다고 생각합니다. 제게 있어서, 관리란 여기 우리 과의 모든 직원들이 주간 목표와 분기별 목표를 이루기 위해서 함께 일하는 것입니다. 리더십이란, 제가 보기에, **저를 위해서 언제든지 다른 사람들이 어떤 일을 하도록 이끌어 가는 것**입니다. 저를 위해서 일하는 사람들은 다른 과에 있는 직원들일 수도 있고, 부서장님도 포함될 수 있을 겁니다.

부서장 : 그것 참 재미있구먼. 테일러씨와 또 무슨 문제들을 토론했는가? 아마도 자네 둘이서 언젠가는 우리 회사의 곤란한 문제를 해결할 수 있겠구먼.

로저스 : 우선, 테일러씨는 평가의 중요성에 대하여 두 가지로 말했습니다.

부서장 : 두 가지로?

로저스 : 업무는 회사가 설정한 기준과 지침서에 의해서 이루어져야 합니다. 그러나 저는 저를 위해서 일하는 사람들에게 주는

강한 영향력이 어떤 것인지 알고 있습니다. 결과만 안다는 것은 별 의미가 없습니다. 리더로서 저는 사람들이 자기들의 일에 흥미를 느끼도록 이끌고, 그런 방향으로 계속 유지되도록 만들어야 합니다.

부서장 : 테일러씨의 업무 관리 방법은 좀 특별하군. 자네는 그런 걸 어떻게 계획하나?

로저스 : 처음에 저는 무엇 때문에 사람들이 움직이게 되는가를 좀더 이해하려고 노력합니다. 잘 아시겠지만, 사람들이 어떤 행동을 할 때는 그렇게 행동하게 되는 이유가 있습니다. 제가 만약 그것을 제대로 파악할 수 있다면, 제가 누군가에게 임무를 부여했을 때 그 사람이 어떤 식으로 행동할 것이라고 예견할 수 있고, 그 다음에는 저희 부서나 더 나아가 회사를 위해서 무엇이 최선책인지 알고 거기에다 저희들의 집중력을 모을 수 있게 될 겁니다.

부서장 : 그래, 어찌 보면 조종에 가까울 수도… 그런가?

로저스 : 글쎄, 그렇게 부를 수도 있겠죠. 그러나 저는 '조종한다'는 말에 한 가지 뜻이 아니라 여러 가지 뜻이 있다고 봅니다.

부서장 : 그렇다면 어떤 뜻인가?

로저스 : 이렇게 말씀드리면 어떨까요. 저의 이익을 위해서 속임수를 쓰거나, 타인에게 영향력을 발휘하려고 계획하는 것은 아닙니다. 단지 우리 부서나 부서 직원들 개개인에게 유익이 될 수 있는 방향으로 모든 사람들의 수고를 집중시키려고 노력

하고 있습니다.
부서장 : 그것 참 반박하기 힘든 거로구먼.

배경

효과적인 관리자가 되는 비결은 **리더십**이다.

행동과학 중에서 어떤 개념들은 상당히 좋은 의도에도 불구하고, 실제적인 부분에서는 기대에 상당히 못 미친다. 그런 개념들은 생각하기 좋은 아이디어는 제공하지만, 언제 혹은 어떻게 실제적으로 활용되는지에 대해서는 알려주지 않는다. 우디 앨런은 인생의 성공이란 "20%의 타이밍(시간관리)과 80%의 시범일 뿐이다"라고 말했다. 리더십을 보여주어야 할 상황에서 대부분의 사람들은 대개 "시범"만을 보여준다. 그러나 성공적인 리더십은 단지 "시범"만 보여주는 것보다 더 큰 것을 요구한다. 검증된 개념의 적용이며 업무가 제 시간에 끝나기 위해 필요한 '시간관리'의 기술이다. 이 책은 이런 기술들을 제공하기 위해서 쓰여진 책이다.

다른 사람의 행동에 영향력을 발휘하는 것을 단순한 일회적 사건으로 생각해서는 안 된다. 그것은 매 시간 지혜롭게 사용해야 하는 풀타임(full-time)의 일이다. 여기 소개되는 전략은, 물론 실천하는 것이 말하는 것보다 쉽지는 않겠지만, 당신이 다른 사람들과 함께 일할 때 그 효과를 극대화시켜 줄 것이다. 이런 경우 말하는 것이 실천하는 것보다 훨씬 쉬울 것이다. 삶의 실제 상황은 결코 정지된 상태가 아니다. 항상 변하고 있는 상황이다. 상황은 점점 좋아지든지 아니면 점점 나빠지기 마련이다.

만약 모든 상황에 적용시킬 수 있는 유일한 원리를 찾는다면, 결국 리더를 위한 그런 마술 같은 해결책은 없다고 할 수밖에 없을 것이다. 다른 여러 가지 기술처럼, 효과적인 리더십은 당신이 더 이해하고 훈련해야 할 기술이다.

초보로서의 시작

루이스 캐롤의 「이상한 나라의 앨리스」라는 고전적인 이야기 속에서, 빨간 여왕(Red Queen)은 앨리스에게 "……처음부터 시작하고, 끝날 때 끝내라"라고 말했다. 이것은 인사관리를 할 때도 훌륭한 조언이다.

리더십에 대한 정의부터 시작해 보자.

> 리더십이란 다른 사람이나 다른 그룹의 행동에 영향을 주기 위한 어떤 시도이다.

리더십이란 당신이 다른 사람들과 함께 일하게 되는 상황을 언급한 것이다. 이 책은 어떤 일을 당신 스스로 하는 것에 관한 책이 아니다. 이 책은 작업을 해내는 데 있어서 다른 사람들의 노력으로 목적을 이루는 것에 관한 책이다. 영향력 있는 리더들은 어떤 일들이 벌어지도록 유도한다. 그들은 결코 가만히 앉아서 사람들을 관찰하고, 어떤 상황이 벌어지면 대응하기 위해서 기다리고 있지 않는다. 그들은 무슨 일이 벌어져야 할지 알고 있고, 그 일이 벌어지도록 계획하고, 그것이 제대로 이루어지고 있는지 과정들을 예의주시하고 있다.

리더십과 관리를 비교해 보자.

관리란 조직의 목적을 달성하기 위해서 다른 사람들과 함께, 그리고 다른 사람들을 통하여 일하는 것이다.

이것은 사업에만 국한된 것은 아니다. 어떤 조직체, 가족, 지역사회, 체육단체, 교회나 조그만 친목단체에도 해당되는 것이다. 관리란 어떤 기관이든지 간에 그 기관의 목적들을 달성하기 위해서 다른 사람들과 함께 일하는 것이다.

리더십은 관리보다도 훨씬 넓은 개념이다. 다른 사람에게 영향력을 발휘할 때 여러 가지 다른 목표들을 생각할 수 있을 것이다. 그러나 실제 상황에서는, 관리란 **단체의 목적들**을 이루기 위한 리더십의 한 특수 형태로 나타난다. 리더십은 그 자체로서 다양한 이유를 위해 시도될 수 있다.

리더십을 발휘하는 상황에 따라 결과는 다양하게 나타난다. 한 예를 생각해 보자.

수요일 오후에, 한 직원에게 주말보고를 마쳐 놓으라고 지시해 놓고, 당신은 오후 늦게 열리는 회의에 참석하려고 나갔다. 특별한 지도지침이 없는 상태에서, 그 직원은 보고서 작성을 서두르다 보니 상세한 사항들 중 상당 부분을 빠뜨리게 된다. 퇴근시간이 되자, 서류들은 책상 위에 그대로 두고, 직원은 퇴근해 버렸다. 다음날 아침에, 당신은 보고서를 다시 훑어보고 몇 가지 중요한 사항들이 빠진 것을 찾아낸다. 그래서 짜증을 내며 그 일을 당신이 직접 다시 하게 된다.

바로 그 다음날, 같은 직원이 프로젝트를 마감시간까지 끝낼 수가 없는 어려운 상황에 빠지게 된다. 그 직원은 동료들의 업무상황을 살피면서, 동료들의 도움을 받아 업무를 마감시간 전에 마칠 수 있게 된다.

두 상황에서 업무는 모두 마쳐졌다. 그러면 두 가지 상황의 예를 **리더십**이란 관점에서 살펴보자. 첫 번째 경우는, 리더십 발휘에서 실패했다. 단순히 업무를 마친 것으로 끝나버렸기 때문이다. 두 번째 경우에, 업무는 다른 사람들의 노력으로 완성되었고, 결과적으로 동료들에 대한 리더십 발휘는 성공적이었다. 그 직원은 그런 경우에 동료들의 행동에 영향력을 발휘하는 데 성공했다. 그러나 같은 직원들이 장래에 그를 도와주는 태도에 대해서는 지켜보아야 할 필요가 있다.

그 직원이 함께 일해 준 동료들에게 고맙다는 인사를 소홀히 했거나 업무가 잘 마무리된 것에 대한 칭찬을 함께 나누지 않았다고 상상해 보자. 동료들은 그의 태도에 실망할 것이고, 앞으로는 더 이상 도와주지 않을 것이다. 이런 경우에, 업무를 한 번 정도는 마칠 수 있었는지 모르지만, 그 직원은 다음부터는 동료들의 도움을 받는 데 곤란을 겪을 것이다.

어떤 리더들은 잠깐은 리더십을 발휘하는 데 성공하지만, 장기적으로는 실패한다. 리더십 발휘를 평가할 때, 사람들에게 발휘하는 영향력이 고려되어야 한다. 리더들은 업무를 수행함과 동시에 계속적인 협력관계를 이루어야 한다. 다음의 도표 1은 리더십 발휘에서 나타나는 두 가지 결과들이다. 성공이란 업무가 어떻게 잘 이루어졌느냐에 달려 있고, 영향력은 업무수행에 대한 사람들의 태도에 달려 있다.

한 번의 성공을 장기적인 영향력을 행사하는 것으로 연결하려면 다른 사람들과 함께 일하는 세 가지 기술을 배워야 한다. 이 기술들은 당신이 현재 직장의 매니저든, 가정의 부모이든, 학교의 선생이든 간에 필수적인 것들이다.

1. **이해** - 사람들의 과거행동에 대한 이해
   사람들이 어떤 일을 했을 때, 왜 그런 일을 했는지, 동기가 무엇인지 알아보라. 그것이 업무 완수에 도움이 되었든지 혹은 방해가 되었든지 마찬가지이다.

2. **예측** - 미래행동에 대한 예측
   사람들이 왜 그렇게 행동하는가를 이해하는 것만으로는 충분하지 않다. 비록 현대는 모든 것이 급변하기는 하지만 미래에 같은

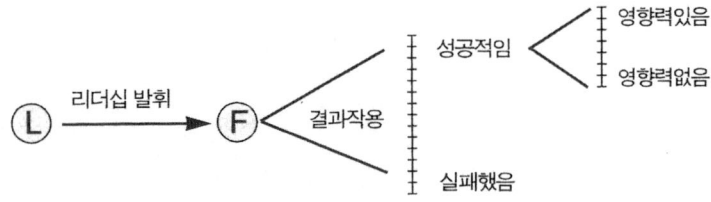

도표 1

관리에서, 성공적이고 영향력 있는 리더십을 발휘하는가 그렇지 않은가 하는 점은 많은 관리자들이 현장에 있으면서 직원들의 작업을 감독할 때 왜 그런 결과가 나오게 되는지에 대해 설명해 준다. 관리자들이 현장을 떠나자마자, 성과가 떨어지는 일이 부분적 혹은 전체적으로 발생한다. L(Leader)은 리더이고, F(follower)는 부하이다.

상황이 닥치더라도 그 사람들이 어떤 행동을 할 것인가를 예측할 수 있어야 한다.

3. 행동의 지시(방향설정), 변화, 조정

과거행동에 대한 이해와 미래행동에 대한 예측만으로는 아직도 부족하다. 리더는 업무 완성과 목표달성을 위해 사람들의 행동에 영향력을 구사하는 것에 대한 책임을 져야 한다.

이런 것들이 바로 리더십 발휘의 성공이냐 실패냐 또 영향력이 있느냐 없느냐를 결정하는 세 가지 기술들이다. 무엇이 사람들에게 동기를 부여하는가를 이해하고, 당신이 리더십을 발휘할 때 어떻게 반응할 것인가를 예측하고, 그들의 행동을 지시하는 것은 영향력 있는 리더십에 모두 필요한 사항들이다.

첫 번째와 두 번째 기술은 본질적으로 수동적이라는 사실에 주의하라. 이해와 예측은 다른 사람들의 직접적인 행동의 참여를 필요로 하지 않는다. 그러기에 결과를 얻을 수 있는 열쇠는 세 번째 기술인 조직의 목적을 달성하기 위해 사람들의 노력을 지시하고, 변경시키고, 조정하는 것이다. 그것이야말로 리더가 자신의 생각과 의도를 최종적인 결실로 이끌어 내는 것이다.

직원 통솔(Controlling People)

사람들은 "통솔"(Control)이라는 말을 들으면 종종 "그럼 우리더러 사람들을 조종하라는 말입니까?"라고 묻는다. 통솔이나 조종이라는 말은 많은 사람들에게 부정적인 의미를 전달하기도 한다. 그러나, 리더의 임무를 받아들임과 동시에 결과를 이루기 위해서 다른 사람들의 행동을 통제하는 책임까지도 받아들여야 한다. 당신이 직장에서 사람들의 노력을 유도하든지, 집에서 아이들이 기본적인 가치관을 개발하는 것을 도와주든지 이것은 모두 사실이다.

명심해야 할 중요한 사항은 '말'이라는 것이 사상이나 아이디어를 포장한 상자에 불과해서 간혹 잘못 해석될 수 있다는 사실이다.

만약 조종이라는 말이 불공정한 이득을 취하고, 기만적이고, 자기의 이익을 위해 다른 사람에게 영향력을 발휘하는 것을 가리킨다면 그 때는 부정적인 의미가 될 것이다. 반면에, 조종이라는 말이 전략에 기술적으로 사용되고, 사람들에게 공정하게 상급을 주고 생산목적에 활용된다면, 목적달성을 위해 필요한 의미이며 또 적절하게 사용되는 것이다.

통솔이나 조종이란 단어들이 여전히 꺼림칙하다면 그것들을 훈련이나 촉진이라는 말로 바꾸어 생각해 보라. 어떤 단어를 선택하든 간에 효율성의 높고 낮음은 사람들의 행동에 대한 **이해와 예측과 영향**에 따라 달라질 것이다.

항상 망치만 갖고 일할 수는 없다

모든 일에는 거기에 알맞은 연장이 있다. 망치는 못을 박는 데는 그만이다. 각목을 자를 때 망치를 사용할 수도 있겠지만, 잘라진 끝쪽은 상당히 거칠게 남을 것이다. 각목을 자르기 위해서는 망치보다 더 적당한 연장이 있을 것이다. 건축하기 위해서는 다양한 연장을 알아야 하고, 또 어떤 용도로 쓰이는지 정확하게 알아야 한다.

리더십이나 관리도 마찬가지이다. 단 하나의 연장으로 효과적인 관리를 할 수 있다는 생각은 비현실적이다. 많은 사람들은 최근에 유행하는 이론으로 모든 관리문제를 해결하고 거기에 너무 의존하고자 하는 함정에 빠진다. 그래서 비현실적인 가설이 만들어지고 그것을 활용하려고 하는 것 같다. 아주 많은 관리기술들이 몇 년 사이에 개발되었다. 그러나 리더는 그 기술로부터 무엇을 기대할 수 있고 무엇을 기대할 수 없는지를 잘 알아야 한다.

당신은 사람들을 지도하거나 관리할 때 필요한 다양한 기술들을 이해하고 있어야 하고, 또 잘 활용할 수 있어야 한다. 다음 장부터 소개되는 개념들은 당신의 "관리기술상자"에 추가해야 할 내용으로, 리더로서 당신의 효과를 확대하는 데 도움이 될 것이다.

에필로그

로저스 : 저는 이곳에서 해야 할 중요한 일이 있다는 것을 말씀드리고자 합니다. 저는 생산성을 유지하고, 사람들이 계속해서 자기 일에 열중하게 하는 것이 중요하다는 것을 잘 알고 있습니다. 제 생각에, 가장 큰 문제는 저의 스타일을 제가 부딪히는 다양한 상황에 적용할 수 있어야 한다는 것입니다.
부서장 : 자네는 스타일을 말하는데, 정확히 무얼 말하는 건가?

제2장

리더십 스타일 Leadership Styles

리더들이 직면하는 각기 다른 상황이나 문제들에 잘 적응하기 위해서는 다양한 리더십 스타일이 필요하다.

이야기

로저스 : 간단히 말한다면, 제 스타일은 다른 사람들이 제 행동을 보도록 하는 것입니다.

부서장 : 다른 사람들이?

로저스 : 맞습니다. 다른 사람들이 제 행동을 어떻게 해석하느냐가 그들에게 영향력을 발휘하죠. 제 자신이 저를 어떻게 보는가는 문제가 아닙니다.

부서장 : 글쎄, 어떻게 자네 자신을 본다는 것인가? 독재적인가 아니면 민주적인가?

로저스 : 저는 저 자신을 독재적, 혹은 민주적 둘 중 한 단어로 표현하고 싶지 않습니다. 그건 너무 이것이냐 저것이냐로 구분하는 설명 같기 때문입니다. 저는 언제 지시적으로 말해야 할 때인지 알고 있습니다. 지시적으로 말할 때는 사람들에게 무엇을 해야 하는지, 언제 해야 하는지, 그리고 어떻게 해야 하는지 하는 사항들을 구체적으로 말해야 합니다. 저는 또 사람들이 의사결정에 참여하고 관여해서 그 일들을 좀더 열심히 또는 좀더 천천히 수행해야 하는 적절한 시기가 언제인지도 알고 있습니다.

부서장 : 글쎄, 그러면 자네는 '업무수행'에 더 관심을 두고 있나 아니면 '사람들'에게 더 관심을 두고 있나? 자네의 마지막 말로는 구분하기가 힘들군.

로저스 : 솔직히 두 가지 모두를 긍정적으로 보아야 한다고 믿습니다. 물론 저는 사람들을 생각합니다, 또한 업무도 생각합니다……. 훌륭한 매니저가 되려면 두 가지 모두의 가치를 인정해야 한다고 믿습니다.

부서장 : 그러면 그런 생각으로, **자네**는 사람들을 어떻게 다룰 건가?

로저스 : 솔직히, 가장 좋은 방법이 **무엇인지**는 아직 찾지 못했습니다.

배경

리더 스타일은 다양한 방법으로 설명될 수 있을 것이다. 어떤 매니저는 "강하고 콧대 센" 사람이라고 불리고, 어떤 이는 "편하고 관대한" 분이라고 불린다. 어떤 매니저는 "코치"라고 여길 수 있고, 어떤 이는 "설득자"라고 여길 수 있다.

리더들이 다른 사람들에게 영향력을 발휘하려 할 때, 많은 형용사들이 리더들의 스타일이나 행동을 특징짓기 위해서 사용될 수 있을 것이다.

리더십 스타일을 이렇게 정의내릴 수 있다.

타인의 눈에 비친 리더의 행동(언어와 동작) 패턴들

리더 스타일은 그 리더를 **보는 이의 눈에 리더가 어떤 모습으로 비쳤는가**에 따라 정의된다. 리더의 스타일은 사람들이 자신을 어떻게 보느냐에 따른 것이 아니라, 타인에게 영향력을 발휘하려 할 때 다른 이에게 어떻게 접근하느냐에 따른 것이다. 당신은 당신 자신을 매우 인간적이고 타인을 잘 보살피는 사람으로 여길지도 모르지만, 만약 당신을 따르는 사람들이 당신을 고집 센 사람이나 으스대는 사람으로 본다면, 그들의 인식은 — **당신의** 인식이 아닌 **다른 사람의** 인식으로서 — 그들의 행동에 영향을 줄 것이다.

독재적인 리더 스타일 대 민주적인 리더 스타일

　리더십을 설명하기 위해서, 초기의 관리이론가들은 두 개의 극단적인 리더 스타일을 나타내는 줄자를 만들었다. 다음의 도표 2는 독재적/민주적 척도를 나타내고 있다.

　대개 독재형 행동은 지시적이라고 묘사되어 왔다. 미국 역사책은 조지 패튼 장군(General George Patton)을 뭐라고 기록하고 있을까? 대부분의 관찰자는 패튼 장군을 독재형 리더로 파악했다. 그는 부하들에게 그들이 해야 할 일이 무엇인지 정확하게 명령했고, 자신의 결정에 대해 설명하거나 부하들의 의견을 수렴하는 일은 거의 없었다. 그렇지만 아프리카의 사막에서나 유럽의 숲 속에서, 모든 이들은 패튼 장군이 최고의 결정권자였음을 알고 있었다.

　반면에, 민주적 리더는 보통 부하 직원들이 정보의 공유나 의사결정과 문제해결 과정에 참여하도록 유도하는 방향으로 행동한다. 아서왕(King Arthur)은 민주형 리더로 볼 수 있다. 아서왕은 자기의 기사들(knights)에게 토론에 참여하도록 충분한 기회를 주었고, 아서왕의 원탁 자체도 모든 사람이 토론에 참여하는 분위기를 북돋워 주었다.

　그런데, 매니저들의 행동을 관찰하고 또 기록으로 남길 때, 우리는 그들의 행동이 독재형이냐 혹은 민주형이냐라는 기준에 명확하게 부합되지는 않는다는 것을 분명히 알게 된다. 결과적으로, 매니저들의 행동은, 민주형 행동이나 독재형 행동으로 구분하는 것이 아니라, 업

```
←——— 민주적(democratic)          독재적(Autocratic) ———→
      인간관계형 행동              지시형 행동/업무추진형 행동
```

도표 2
오른쪽으로 치우치면, 독재적이라 하고 반대쪽으로 치우치면 민주적이라 한다.
어떤 리더의 스타일이건 양쪽 사이에 해당된다.

무추진형 행동과 인간관계형 행동으로 분류할 수 있다.

업무추진형 행동

업무추진형 행동에 대한 정의
업무추진형 행동이란 사람들이 무엇을 해야 하고, 어떻게 해야 하고, 언제 해야 하고, 누가 해야 할 것인가를 명령하는 것을 말한다. 즉 리더가 개인이나 단체의 의무와 책임을 규정하는 범위를 말한다.

업무추진형 행동의 가장 좋은 예는 아마도 당신이 혈액검사하러 갔을 때 간호사의 행동이라고 할 수 있다. 혈액을 검사하는 간호사는 아마도 상당히 지시적이었을 것이다. 당신의 움찔거리는 행동은 무시한 채, 소매를 걷어올리고 팔을 뻗으라고 했을 것이고, 혈액을 채취하는 동안 손을 어떻게 쥐고 있어야 할지 직접 보여주었을 것이다. 혈액채취가 끝나고, 주사를 놓았던 자리에 소독용 알콜 솜을 어떻게 문지르고 있어야 하는지까지 구체적으로 가르쳐 주었을 것이다. 당신은 간호사가 시키는 대로 움직이고 있었겠지만, 그 간호사는 자기 업무를 한 것뿐이다.

지시적이라는 말이 비열하거나 성질급한 것을 의미하지 않는다는 사실에 유의하라. 혈액을 채취한 간호사가 당신에게 상당히 친절했을지도 모르지만, 행동이나 설명은 업무를 완수하는 데만 집중하였을 것이다. 업무추진형 행동이란 리더가 부하에게 명령하는 일방통행식 전달방식이라는 특징이 있다. 간호사는 혈액검사에 대해서 당신이 어떻게 생각하는지에 전혀 관심이 없었다.

인간관계형 행동

인간관계형 행동에 대한 정의
인간관계형 행동이란 의견수렴, 격려, 환경조성, 명확성 확보, 사회 심리적인 지원을 제공하는 것 등을 말한다. 즉 리더가 여러 사람과 함께 있다면 대화의 채널을 쌍방향 혹은 다양한 방향으로 운영하는 범위를 말한다.

경쟁자들 중에서 검증된 사람들을 채용한 조직을 생각해 보라. 신입사원들의 업무 시작 보고 때, 그들이 각 팀의 일원들이 될 수 있도록 격려하는 것은 중요한 일이다. 간단히 말해서, 신입사원들에게는 상사로부터의 지원이 필요하다는 것이다. 이것이 수준 높은 인간관계형 행동의 좋은 예이다. 인간관계형 행동이란, 리더가 관여하는 의견수렴, 격려, 환경조성을 통한 양방향식 전달방식으로 특징지어진다.

태도와 행동(Attitude and Behavior)

리더 스타일을 살펴볼 때 우리는 그들의 행동에 초점을 맞출 수 있다. 행동과 태도는 다르다. '행동'은 리더들의 말과 행위를 말한다. '태도'는 어떤 것에 대해서 찬성하거나 혹은 반대하는 느낌과 가치와 관심이다. 그것은 타인에게 반응을 불러일으키는 **어떤 사람의 행동**인 것이다.

태도를 보고 행동을 예측하기란 어렵다. 어떤 일에 대해 비슷한 태도와 가치 체계를 가진 사람들이라도 다양한 행동을 보일 것이다. 예를 든다면, 도시문제에 대한 깊은 관심을 가진 사람들이라도 그 행동은 다양하게 나타날 수 있다. 어떤 사람들은 문제 자체를 거부할 것이고, 어떤 이들은 동감과 격려를 표시할 것이다. 그리고 어떤 이들은 적극적으로 참여하여 변화를 추구하기 위한 방향을 제시할 것이다. 동일하게 높은 관심을 가지고 있더라도 각기 다른 행동들이 나타난다. 이렇게 한 가지의 중요한 관심사일지라도 행동은 각각 다르게 나타나게 된다. 결국 다른 사람들에게 영향을 주는 것은 태도가 아니라 사람들의 행동이다.

매니저이든, 리더이든, 학부형이든, 최종의 결과와 함께 사람들에게 깊은 관심을 가지는 것이 중요하다. 그리고 이렇게 높은 관심을 활용하여 리더들이 직면하는 각기 다른 상황이나 문제들에 잘 적응하기 위해서는 다양한 리더십 스타일이 필요하다.

리더십 스타일

작업환경 속에서 관리자들은 자신이 관찰한 내용을 바탕으로 그들의 직원(동역자)들에게 업무추진형과 인간관계형 양쪽에 영향을 주도록 활용할 수 있다. 이 두 개의 영향력 있는 행동은 개별적이고도 구별된 특징을 갖고 있다. 어떤 관리자들은 업무추진형 행동을 성공적으로 활용하는 것으로, 또 다른 관리자들은 높은 인간관계 행동을 성공적으로 활용하는 것으로 발견되었다. 또 어떤 관리자들은 업무추진형과 인간관계형 둘다를 높이 활용하고 있는 것으로 파악되었다. 반면에 업무추진형과 인간관계형을 모두 적게 활용하면서도 성공적으로 관리하는 관리자도 파악되었다. 그러므로, 민주형이든지 독재형이든지 간에, 한 가지 스타일만 계속 활용한다면, 서로 다른 리더의 행동양식을 정확하게 묘사할 수 없다.

좀더 유용한 틀이 필요하다. 첫째로, 업무추진형과 인간관계형이 양쪽을 설명하는 도표로 각기 떨어져서 양쪽에 위치한다. 둘째로, 네 개의 기본적인 리더십 스타일을 규명하기 위해 네 개의 상자가 만들어진다. 다음의 도표 3은 이 스타일들을 설명해 준다.

다음의 예들은 각기 다른 상황에서 이런 리더십 스타일이 활용될 수 있다는 것을 보여준다.

스타일 1 : (S1)

이 리더십 스타일은 평균 이상의 업무추진이 필요하고 평균 이하의 인간관계가 필요하다.

도표 3
업무추진형 행동은 수평을 축으로 해서 낮은 부분에서 높은 부분으로 올라가도록 구성했다. 인간관계형 행동은 수직을 축으로 해서 낮은 부분에서 높은 부분으로 올라가도록 구성했다. 이것은 리더의 행동을 네 가지 방식으로 설명할 수 있도록 만든 것이다.

효과적으로 활용된 경우

　소방대장은 화재를 진압하는 동안 전체를 감독한다. 쌍방간에 대화하거나, 결정사항을 설명하거나, 소방수들의 질문을 받거나 그 질문에 대답할 시간이 없다. 화재를 진압하고, 생명을 구하는 업무를 수행하기 위해서는, 소방대장은 상당히 지시적일 수밖에 없다. 아무런 설명도 없이 명령하고, 부하들이 명령대로 움직이는지 가까이서 감독한다.

비효과적으로 활용된 경우

　회계부서가 새 사무실로 옮기려고 한다. 이 부서에 있는 사람들은 이전부터 업무를 잘 처리했고, 또 이사 준비도 잘 해 왔다. 그런데, 부서 책임자가 직원들을 앉혀 놓고, 누가 파일상자들과 기록상자들을 꾸리고, 그리고 어떻게 다시 파일상자들을 재정리할지 자세하게 가르친다.

　리더 스타일 1은 지시형이다. 이런 스타일은 리더가 개인이나 그룹에게 무엇을, 언제, 어디서, 어떻게, 누구와 함께 할지에 대해서 구체적으로 말해 준다. 스타일 1은 리더가 부하직원들이 이루어야 할 업무와 도달해야 할 목적들을 지시하는 일방통행적 대화방식이다.

스타일 2 : (S2)

이 리더십 스타일은 업무추진형과 인간관계형에서 두 가지 모두 평균 이상이 필요하다.

효과적으로 활용된 경우

어떤 사람이 새로운 직장에 채용되었고, 아직 어떻게 그 업무를 수행하는지는 모르지만, 열심히 해보려고 한다. 매니저는 그에게 무엇을 해야 하고, 왜 각 단계들이 중요한지 잘 설명해 준다. 회의가 끝나기 전에, 신입사원은 궁금한 것을 질문해서 업무를 명확히 파악한다.

비효과적으로 활용된 경우

관리자들(Supervisors)은 모두 충분한 경험을 고루 갖춘 '고위층'(top hands)에 속한다. 각 부서 회의에서 관리자는 각종 결정을 내리고, 어떤 과정들이 왜 필요한지 설명하고, 비록 부서 직원들이 업무에 대해서 관리자만큼 잘 알고 있다손 치더라도 자세한 설명을 해준다.

리더 스타일 2도 역시 지침을 제공한다. 이 리더 스타일의 행동과 상태는 일반적인 수준 이상의 업무추진형 행동을 표현하면서도 동시에 확실성을 기하기 위해서 자세히 설명해 주거나 설명의 기회를 제공해 준다.

스타일 3 : (S3)

이 리더십 스타일은 평균 이상의 인간관계와 평균 이하의 업무추진이 필요하다.

효과적으로 활용된 경우

새로온 판매사원이 자기 담당 고객들에게 전화로 접촉하려고 시도하면서도 자신의 능력에 대해서는 아직 확신이 없다. 그 판매사원이 그 일을 할 수 있다는 확신 속에서, 매니저는 충분한 지원과 격려를 제공해 주고, 전화접촉이 끝난 후에 업무에 대해 토론할 기회를 제공한다.

비효과적으로 활용된 경우

한 작업반에서 그들에게 새로 부여된 프로젝트에 대해서 반장에게 지침을 요구했다. 반장은 작업반원들을 모아 놓고, 이번에 그들에게 새로 부여된 프로젝트에 대해서 전혀 지식도 없고, 경험도 없는 작업반원들의 의견을 물어 본다.

리더 스타일 3은 격려할 기회를 제공하고, 토론의 분위기를 조성하고, 부하들의 공헌을 요구하는 리더의 행동스타일이다. 이런 스타일은 리더가 방침을 제시하고 각종 사항을 결정해 주는 스타일 1이나 스타일 2와는 큰 차이가 있다.

스타일 4 : (S4)

이 리더십 스타일은 업무추진과 인간관계가 모두 평균 이하로 제공된다.

효과적으로 활용되는 경우

당신의 상사는 당신이 어떻게 월말보고서를 작성하는지와 과거에도 당신이 늘 제 시간에 맞춰서 그 보고서를 작성해왔다는 사실을 잘 알고 있다. 이런 경우에 여러분의 상사는 당신에게 별도의 지침을 내리거나 간섭하지 않고 당신이 그런 일들을 다 하도록 허락할 것이다.

비효과적으로 활용된 경우

새로 채용된 직원이 고객들로부터 걸려오는 전화응답에 곤란을 겪고 있었다. 그 직원은 고객의 전화에 어떤 식으로 응답해야 하는지를 상사에게 물어보았지만, 그 상사는 직원을 잘 도와주지는 않았다. 결과적으로, 그 상사는 부하직원뿐만 아니라 고객들까지도 실망시키게 되었다.

리더 스타일 4는 지시나 지침을 거의 제시하지 않고, 쌍방간에 대화나 지원해 주는 행동들을 거의 하지 않는다.

에필로그

로저스: 우리가 내려야할 결론은 활용할 수 있는 리더 스타일이 상당히 다양하고 다르다는 것입니다. 이런 이유에서 저는 우리 부서에 있는 사람들에 대한 관리를 제가 조수로 일할 때와는 다른 견지에서 시작할 수밖에 없습니다.

부서장: 자네는 왜 그런 말을 하나?

■ 리더십 스타일 검사 및 분석 자료인 *LEAD*를 이용하면 당신의 리더십 스타일과 타인의 리더십 스타일이 무엇인지 쉽게 알 수 있다.

제3장

상황 판단 Assessing the Situation

리더의 영향력은 리더, 부하, 상사, 동료직원, 조직, 부과된 업무, 제한된 시간의 상호작용 속에서 결정된다.

이야기

로저스 : 업무가 완수되기 위해서 고려해야 할 일들이 많이 있지만 테일러씨의 말로는 만약 부하들이 말을 듣지 않기로 결정해 버리면 말짱 헛일이라더군요.

부서장 : 그것 참 간단하군!

로저스 : 그건 다른 여러 일들이 중요하지 않다는 의미도 아니고, 관리가 그렇게 쉽다는 의미도 아닙니다. 다른 사람들에게 영향력을 발휘하는 데 열쇠가 되는 것은, 어떻게 그 일에 전념하게 하고, 그들에게 부여된 업무에 대해서 자신들이 얼마나

헌신적으로 또 열심히 그 일에 임하는가에 대해서 알아야 한다는 것입니다.

부서장 : 글쎄, 그건 우리들이 이제껏 잘 다루고 있었잖은가! 자네는 이 사람들과 꽤 오랫동안 함께 지내지 않았는가 말일세.

로저스 : 저는 그들이 어떻게 그런 일들을 처리하는지 일반적으로는 알고 있습니다만, 그런 정도로는 충분하지 않습니다.

부서장 : 왜 그렇지?

로저스 : 글쎄요, 테일러씨가 이런 식으로 제게 설명하던데, 상당히 의미 있는 말이라 여겨졌습니다. 어떤 사람들은 다른 사람들보다 일을 더 **좋아하고**, 또 어떤 사람들은 다른 사람들보다 일을 더 **잘한다**는 겁니다. 그래서 일반적인 접근 방법이 항상 통하는 것은 아니라는 거지요. 저는 모든 사람들이 자신들의 상황에서 제가 부과한 업무를 어떻게 처리하는지 구체적으로 살펴보아야 한다고 생각합니다.

배경

 연구 결과, 리더의 성공은 상황에 의해 영향을 받는다고 밝혀졌다. 연구자들은 상황과 리더의 영향력을 결정하는 요인들에 대해서 좀더 알기 원했기 때문에, 작업에서의 매니저들을 연구했다. 그들이 발견한 주요 요인들은 **당신의** 리더십 스타일에 영향을 줄 수 있다.

 리더의 영향력은 리더, 부하, 상사, 동료직원, 조직, 부과된 업무, 제한된 시간의 상호작용 속에서 결정된다. 이런 것들은 어떤 특정 시간에, 주어진 환경 속에서 나타나는 요인들이다. 하나의 요인이 변하면 다른 것들도 변한다. 예를 들면, 뒤로 밀려났던 프로젝트가 갑자기 가장 최우선적인 프로젝트가 되어 버렸을 때, 바로 "이 하나"가 많은 다른 요인들을 변화시키는 원인이 되는 것이다.

 첫 번째 요인은 **리더 자신**이다. 리더들은 상황에 따라 자신의 리더십 스타일을 발휘한다. 이것은 다른 사람들에게 알려진 그들의 행동패턴을 말한다. 리더들은 상황에 따라 자신들의 태도를 결정한다. 리더에게 환경요인이 중요하기는 하지만, 유일한 요인은 아니다.

 부하들도 상황에 따라서 개인적으로든 단체적으로든 간에 자신들의 행동과 태도를 결정하고, 그에 따라 구별되는 성격들을 개발해 간다. 영향력을 결정하는 것은 리더만의 행동패턴이나 가치들이 아니다. 또 개인적으로든 단체로든 부하들만의 행동패턴이나 가치들만으로 영향력이 결정되는 것도 아니다. 영향력은 리더와 부하들 모두의 행동패턴과 가치의 상호작용에 의해서 결정된다.

리더의 **상사**도 성공에 영향력을 끼칠 수 있다. 한 조직체에 있는 모든 사람들은 다른 누군가에게 보고할 의무가 있다. 한 사업체의 사장에게도 상사가 있는데, 바로 이사회의 이사장이다. 이사장은 주주들에게 보고한다. 대부분의 리더들은 그들의 상사에 의해 영향을 받는다.

또 다른 변수는 리더의 주요한 **협력자**들이다. 중요 협력자들이란, 리더가 업무를 완수하기 위해서 협력이 필요한 조직체의 동료들이다.

조직체도 그 조직체만의 행동패턴과 또 다른 조직체와 구별되는 특별한 가치를 개발해낸다. 그것은 조직체 안에서 현재 고위직을 차지한 사람들이 미치는 회사 분위기와 회사가 지니고 있는 역사와 전통이다.

업무 부여도 또 다른 변수이다. 이것은 리더들로부터 부여된 업무를 부하들이 인식한 것이다. 만약 부하들이 자신들의 업무에 대해서 흥미가 없고, 하기 싫어한다면, 가까이서 감독하는 것이 필요할 것이요, 어떤 이유에서든지 사람들이 업무를 수행하면서 그 일에 흥미가 생겼고, 또 의욕이 생겼다면, 가까이서 감독할 필요가 없다.

또 다른 변수는 결정을 하는 데 필요한 **시간**이다. 만일 방에 불이 났다면, 작은 그룹이 앉아서 어떻게 나갈 것인가에 대해 충분한 전략을 만들어 내는 것은 불합리한 일이다. 차라리 리더가 가장 안전한 문을 선택해서 모든 사람들에게 밖으로 빨리 나가라고 직접 명령하는 것이 더 합리적이다. 결정할 시간이 적을수록, 리더는 좀더 강력한 지시형의 스타일을 구사해야 한다.

리더의 상황에서는 더 많은 요인들이 있을 수 있다. 다른 사람들의 행동에 영향력을 구사하기 위해서는 현장에서 어떤 일이 벌어지고 있는가 알고 있는 것이 중요하다. 리더들은 때때로 그들 자신이 한두 개의 요인들로 인하여 "유격수"의 역할을 하고 있다는 것을 발견한다.

업무를 하다 보면 순간순간 예상치 못한 변수가 생기기 때문에, 리더는 최고의 위치에 있다 할지라도 안주할 수 없다. 많은 데이터들이 그 자리를 메울 것이다. 연구에 의하면, 중요한 변수가 하나 있다. 그것은 **리더와 부하 사이의 인간관계**이다. 만약 부하들이 말을 듣지 않기로 결정해 버리면, 다른 변수들은 전혀 중요하지 않게 된다. 그러므로 리더들은 부하들과의 인간관계를 잘 정리하는 능력을 극대화시켜야 한다. 리더와 부하의 관계에서 성공여부를 결정하는 중요한 요인은 리더가 부하의 "준비상태"를 정확하게 평가하는 능력이다.

부하들의 준비상태

준비상태란 부하가 특별한 임무를 완수할 능력과 의지를 얼마나 가지고 있는가의 정도라고 정의할 수 있다. 준비상태의 수준은 다양하다. 사람들은 그들에게 부과된 업무에 따라서 준비상태의 수준이 다른 경향을 보인다. 준비상태란 개인의 특성이 아님을 명심하는 것이 중요하다. 준비상태란 개인의 특성이나 가치나 연령 등에 대한 평가가 아니다. **준비상태란 한 사람이 특정한 업무를 어떻게 수행하는가의 문제이다.**

준비상태가 업무에 의해 결정되어도, 어떤 때는 한 과제를 특정한 활동들로 분류해 볼 필요가 있다. 예를 든다면, 한 프로젝트를 다루는 공

학자가 창조적인 디자인에서는 상당히 우수하지만, 보고서를 쓰는 기술적인 면에서는 상대적으로 우수하지 않을 수도 있다. 리더가 과제에 대한 활동들을 상세히 세분할수록 부하들의 준비상태에 대한 평가가 더 정확해질 수 있다.

- **능력**이란 개인이나 단체가 특정한 업무나 활동을 수행하는 지식, 경험, 기술 등이다.
- **의욕**이란 특정한 업무나 활동을 완수하는 자신감, 헌신, 동기 등이다.

이 정의들에 있어서 중요한 것은 "보여준다"라는 말이다. 당신은 당신이 보는 행동의 어휘들로 판단하는 것이 필요하다. 보여주는 능력이 없이는, 당신은 잠재력을 논하는 것일 수밖에 없다. 당신의 의욕을 보여주지 않는다면, "입에 발린 말"에 불과하거나, 행동 없는 의향일 뿐인 것이다.

능력과 의욕이 사람마다 다를지라도, 그것들은 상호작용하여 영향을 미친다. 하나는 다른 것에 직접적으로 영향을 미친다. 개개인이 갖고 있는 자신감이나, 헌신, 동기의 수준은 현재의 그들의 능력을 활용하는 데 영향을 미친다. 그것은 또한 현재의 그들의 능력을 성장시키거나 확장시키는 단계에 영향을 미칠 것이다. 반대로, 작업에 임하는 사람들의 지식, 경험, 기술은 그들의 의욕에 영향을 끼친다. 이렇게 한 요인에 생긴 중요한 변화는 전체에 영향을 미친다.

이런 준비상태의 구성요소들을 쉽게 기억하기 위한 한 가지 방법은 아이들이 외우는 문장스타일로 돌아가 보는 것이다. "준비성, 의욕, 능력"("ready, willing, and able")이라고 해보라. 준비상태(Readiness)란 특정한 임무나 기능을 수행할 개인의 의욕(willing)과 능력(ability)이다.

준비상태의 수준

준비상태의 수준은 사람들이 각각의 업무에 임하는 능력과 의욕에 따라 다양한 스타일로 구성된다. 준비상태의 수준은, 최고(매우 높음)에서부터 최하(매우 낮음)까지, 네 가지의 높고 낮은 스타일로 구성된다.

준비상태 수준 1 (R1) - 최하의 준비상태

능력도 없고 의욕도 없음
 이런 부하들은 능력이 없으며, 헌신과 동기도 부족하다.
  * 어떤 종업원이 새 기계의 조작법에 대해 배워야 한다. 그런데 그 종업원은 어떻게 사용하는지도 모르면서, 흥미도 없고 배우려는 의지도 없다.

능력이 없고, 자신도 없음
 이런 부하는 능력도 없고, 자신감도 부족하다.

* 어떤 사람이 첫 번째 비행훈련을 받는다. 그 훈련생은 조종석 안에서 무엇을 해야 할지 아무것도 모른다. 그리고 그 비행기를 조종할 자신도 없다.

준비상태 수준 2 (R2)

능력은 없으나 의욕이 있음
  이런 부하는 능력은 부족하지만 동기가 있고, 노력을 한다.
  * 한 직원은 아직도 기계 조작에 대해서 미숙하지만, 자질을 갖추기 위해서 노력을 하고 있다.

능력은 없으나 자신감이 있음
  이런 직원은 능력이 부족하지만 리더가 지침을 제공해주는 한 자신감이 있다.
  * 몇 번의 교육만으로는, 파일럿 생도는 단독 비행을 할 수 없으나, 교관이 조종석에 있다면 자신감을 갖고 열정적으로 한다.

준비상태 수준 3 (R3)

능력은 있지만 의욕이 없음
  이런 부하는 업무를 수행할 능력은 있으나 그 능력을 발휘할 의욕이 없다.
* 한 직원은 이미 기계조작에 대해서는 인정을 받았으나, 그 일에 대해서 이미 싫증을 느꼈다.

능력은 있지만 자신감이 없음
이런 부하는 업무를 수행할 능력은 있으나, 혼자서 업무를 담당하는 것에 대한 두려움이 있고, 자신감이 없다.
* 첫 번째 단독 비행에 앞서, 교관에 의해 인정을 받았는데도, 단독 비행에는 아직도 겁을 먹고, 두려움을 가지고 있다.

준비상태 수준 4 (R4) - 최상의 준비상태

능력이 있고 의욕도 있음
이런 부하는 능력도 있고 그 업무수행을 좋아한다.
* 한 직원이 그 기계 조작에 능하고, 또 조작을 즐긴다.

능력이 있고 자신감도 있음
이런 부하는 업무수행을 위한 능력이 있고, 혼자서 그 일을 수행할 자신감이 있다.
* 기록상 수백 시간의 단독 비행을 한 경험이 있는 파일럿은 비행기를 조종할 능력이 있고, 자신감이 대단하다.

이 네 가지의 준비상태의 수준을 구분하는 것은 리더십을 발휘하는 데 대단히 요긴하고 중요하다. 준비상태의 수준은 리더가 어떤 스타일의 리더십을 사용하는 것이 바람직한지를 결정하는 데 도움을 줄 수 있기 때문이다.

에필로그

로저스 : 제 생각에 리더십이란 각기 다른 사람에게 각기 다른 방법으로 처신하라는 것이 아니라, 같은 사람이지만 각기 다른 업무에서 어떻게 그 일들을 처리하는지 또 그 업무를 수행하면서 무슨 일이 벌어지는지에 따라 다른 방법으로 처신한다는 뜻입니다. 저는 그 차이점을 깨닫고 상황에 따라서 제 스타일을 바꾸는 것이 중요하다고 생각합니다.

부서장 : 스타일을 바꾼다는 것은 이해가 되지만, 어떤 스타일이 자네에게 맞는 것인지 어떻게 알 수 있나?

제4장
적합한 지도 스타일 선택
Selecting Appropriate Styles

"결국 각기 다른 상황 속에서 사람들을 관리하지만, 제 행동은 융통성과 일관성을 유지하면서 모든 상황에 적용해야 한다는 것입니다."

이야기

로저스 : 한 예를 들어보겠습니다. 제가 처음 이곳에서 일하기 시작했을 때, 제 책임 중에 하나가 분기별로 기획하고 분기별로 예산을 준비하는 것이었음을 알게 되었습니다. 처음 제 일에 맞닥뜨렸을 때, 저는 어디서부터 시작해야 할지 몰랐습니다. 테일러씨가 예산작성을 위한 안내서를 가져와서, 실례들을 보여주고는, 고려할 사항이 무엇이고, 전체 항목의 명세서를 어떻게 작성하는지 알려주었습니다. 추가해서, 테일러씨는 제가 어려운 문제에 부딪히게 되는 경우, 한 번도 제

게서 멀리 떨어져 있지 않았습니다. 테일러씨가 제게 많은 제안이나 의견을 제시하라고 요구하지 않았던 것을 기억합니다. 돌이켜보니 왜 그랬나 이해할 수 있었는데, 신입사원으로서 경험도 없었던 제가 제안할 만한 것이 없었기 때문입니다.

부서장 : 나도 이해할 만하군.

로저스 : 또한, 저의 또 다른 업무는 부서의 업무일정을 컴퓨터로 처리하는 것이었습니다. 제가 이곳으로 오기 전, 먼저 회사에서는 비슷한 일을 한 3년간 했습니다. 테일러씨와 구체적인 일정표에 필요한 사항들에 대해 대충 이야기를 나누자 그는 컴퓨터에 대해서는 더 이상 말하지 않고, 저에게 좀더 개선해야 할 분야가 어떤 것인지 제안해 보라고 요구했습니다.

부서장 : 이건 익숙해질 것 같은데, 자네가 아까 말한 것으로 돌아가 보면, 테일러씨가 자네의 능력과 의욕을 고려했고, 그리고 자네는 그대로 실천했구먼.

로저스 : 예, 맞습니다. 아시는 대로, 얼마 지나서 저는 테일러씨가 제가 해야 될 업무에 따라서, 또 얼마나 그 일에 대해서 알고 있는지, 제가 얼마나 진지하게 그 일을 처리하는지에 따라서, 저를 다르게 대해 준다는 것을 예상할 수 있었습니다.

부서장 : 다시 말하면 테일러씨는 실제로 계속해서 유연하게 대했다는 말이군?

로저스 : 맞습니다. 그래서 저는 언제든지 제가 필요할 때는 좀더 많

은 안내와 지원을 부탁할 수 있었습니다. 업무를 잘 처리하고 있다는 생각이 들지라도 저는 테일러씨에게 제가 제대로 처리하고 있는지 알려 달라고 한 적이 있었습니다. 또 시간이 지나자, 이제는 프로젝트를 혼자서 처리해도 될 여유가 생겼음을 깨닫게 되었습니다.

부서장 : 시간이 지나서, 자네도 마치 이런 과정을 테일러씨가 한 것처럼 처리한다는 소리로 들리네.

로저스 : 거기엔 의문이 없죠. 제가 무엇이 필요한지를 테일러씨에게 알리는 것은 제 책임이 되었죠. 우리가 항상 합의를 이룬 것은 아니었지만, 제가 물어보는 데 불편을 느낀 적은 전혀 없었습니다.

부서장 : 그런 과정이 아주 복잡하게 느껴지지는 않았나?

로저스 : 전 제 말이 복잡하게 들리지 않았으면 합니다. 사실, 부서장님께서는 두 가지를 자문하셔야 한다고 생각하는데요. 그것은 그 사람이 그 일을 할 수 있느냐와 또 그 사람이 그 일을 할 의사가 있느냐 하는 것입니다. 제 경험에 비추어 보자면, 이런 두 질문에 대답하기 전에 먼저 다른 것을 말한다면 어떤 문제점에 부딪치게 됩니다.

부서장 : 어떤 문제들인데?

로저스 : 사람들이 무얼 해야 할지 모를 때, 자기들에게 필요한 방향 제시를 받지 못하면 당황하게 됩니다. 또 경험과 지식이 있는 사람들이 자신들의 아이디어를 나눌 기회가 없거나 어떤

책임감이 주어지지 않으면 그것에도 기분이 상하는 것입니다.

배경

리더의 분석 능력이 얼마나 중요한가는 아무리 강조해도 지나치지 않다. 부하들의 능력이나 일을 하려는 의지는 다양하므로, 리더는 그 차이를 인식하고 감사하는 민감성과 분석능력이 필요하다. 비록 훌륭한 분석능력을 갖추었을지라도, 부하들의 상황이 요구하는 리더십 스타일을 활용할 수 없다면 리더는 별 효과를 얻지 못하게 될 것이다.

모든 직업(Profession)의 업무 기본수칙은 반복되는 과정에서 배울 수 있다. 의사들은 처방을 내리기 전에 진단부터 한다. 증상과 조건이 바뀌면, 처방도 바뀌게 된다. 의사들의 처방은 시행착오나 치고 빠지기 작전이 아니며, 이성적인 과정이다. 리더와 관리자들에게도 리더십 발휘의 과정을 위해서 기초적인 것을 제공하는 비슷한 틀이 필요하다.

선택할 수 있는 4가지의 각기 다른 리더십 스타일이 있다는 것을 아는 것만으로는 충분하지 않다. 어떤 리더십 스타일을 활용하는 것이 가장 적합한지를 이해하기 위해서 각각의 독특한 상황을 파악하는 것이 필요하다. 본 장에서는 상황대응형 리더십의 모델들이 소개된다. 각기 다른 상황이 분석되고, 어떤 리더 스타일이 가장 성공적으로 작용할 것인가를 예견하는 골격작업이 마련된다.

상황대응형 리더십은 (1) 리더가 쏟아 넣는 업무추진형 행동수준, (2) 리더가 쏟아 넣는 인간관계형 행동수준, (3) 부하들이 특정한 업무나 활동을 수행할 때 보여주는 준비상태의 상호작용에 근거하고 있다. 이 모델은 당신이 리더십을 발휘할 때 좀더 효과적으로 활용되도록 도와주려고 개발된 것이다. 이것은 효과적인 리더십과 부하들의 준비수준의 관계를 이해하는 데 도움이 된다. 능력과 일하려는 의사에 따라 개인과 그룹의 준비상태는 달라진다. 따라서 리더십 스타일은 부하들의 준비상태 수준과 맞아야 한다.

예를 들면, 가르칠 준비가 아주 잘되어 있어 어떤 수업도 항상 성공적으로 하는 한 교수가 있다. 그런데 행정업무에 있어서 이 교수의 준비도는 굉장히 낮다. 학장이 보고서와 각종 자료 요청을 하면, "내년에 바쁘지 않으면 하겠습니다"라고 적어 놓고는 학기를 끝내 버린다. 이렇게 서로 다른 준비상태를 가지고 있는 경우 학장이 어떻게 지원하느냐에 따라서 영향력이 달라진다. 학생을 가르치는 업무에는 학장이 관여할 필요가 없다. 교수에게는 가르칠 재량권이 부여되어 있는 것이다. 그렇지만, 보고서를 제출토록 하는 데는 가르치는 업무와는 달리 학장이 적극적인 태도를 취해야 한다. 학장은 교수실에 들러서 "지금 즉시 이 보고서를 작성해 주세요. 여기 보고서 작성 요령이 있습니다"라고 말해야 한다.

요령 있는 리더는 다른 사람에게 영향을 미치기 위해서 행동을 취할 때, 어떤 특정한 상황에서 자기의 리더십 스타일을 어떻게 다르게 구사해야 할지 알아야 한다. 왜냐하면 개인이든 단체든 간에, 모든 경우에 맞아떨어지는 리더십 스타일은 없기 때문이다. 리더의 영향력을 발휘하는 대부분의 경우에서 "빠진 부분"(missing link)은 부하직원의 필요에 따라 리더십 스타일을 맞추는 실질적인 방법이다. 타인에게 영향력을 발휘할 때, 리더의 임무는 (1) 특별한 업무에 대한 부하직원의 준비상태를 분석하는 것과 (2) 그 상황에 맞는 리더십 스타일을 준비하는 것이다.

상황대응형 리더십 모델

상황대응형 리더십 모델은 4개의 각기 다른 준비상태와 4개의 기본적인 리더십 스타일과 관련되어 있다. 이것은 부하직원의 행동형을 파악할 뿐만 아니라, 가장 유용한 리더십 스타일을 선택하는 데 도움이 된다. 다음의 예들은 상황대응형 모델들을 설명하고 있다.

리더로서, 당신이 극단적으로 다른 준비상태를 지닌 두 그룹의 부하직원에게 영향력을 발휘해야 하는 상황이라고 가정해 보자. 한 그룹은 업무완수에 필수적인 **모든** 지식, 기술, 자신감, 의지를 가진 준비상태 4, 즉 R4 그룹이다. 다른 한편은 **전혀** 지식도, 기술도, 자신감도, 의지도 없는 준비상태 1, 즉 R1 그룹이다.

먼저 R1 그룹을 생각해 보자. 만약 부하직원들이 **전혀 준비가 안 되어 있다면,** 어느 정도의 지시와 방향제시를 제공해야 하겠는가? 이런 경우라면, 당신은 필요한 **모든 것**을 제공해야 할 것이고, 그들에게 '무엇을, 어디에서, 언제, 어떻게, 처리하라'고 자세히 말할 것이다. 그렇다면 지원은 어느 정도 해 주어야 하는가? 만약 사람들이 일을 처리하지 못하고 있는데도 그들에게 엄청난 수준의 보살핌과 지원이 주어진다면, 당신은 업무수행을 잘못하는 것에 대해 보상하고 있다고 생각할지도 모른다. 또한 어느 정도의 대화와 지원행동을 제공해야 할지 유의해야 한다. 이것은 지원행동이 전혀 필요없다는 의미는 아니다. 리더는 부하들에게 지시가 명확히 전달되었고, 그들이 지시사항을 잘 이해했는지 확인하기 위해서 부하들과 어느 정도 대화를 해야 할 필요가 있다. 이런 경우에 가장 적절한 리더십 스타일은 높은 지침과 낮은 지원행동인 S1이다.

이제는 R4 그룹을 살펴보자. 만약 업무수행을 위해 **완전히 준비된** 직원이 있다면, 얼마만큼의 지침과 방향제시가 필요할까? 당신은 어떤 지침도 내릴 필요가 없을 것이다. 사실, 어떤 업무에 대해서는, 리더보다도 더 전문가인 경우가 있을 수 있다. 어느 정도의 지원행동을 제공하겠는가? 이런 부하직원에게는 꾸짖는 일이나 지원이 필요없다. 이것은 지원행동이 전혀 불필요하다는 의미가 아니다. 리더는 부하직원이 제대로 일을 처리하고 있는가 가끔씩 기본적인 것들만 살펴보면 된다. 부하직원들에게 그들이 지속적인 관심의 대상이고, 그들의 공헌이 높이 평가되고 있음을 알려줄 필요가 있다. 이런 경우에, 가장 적절한 리더십 스타일은 낮은 업무지침과 낮은 지원행동이 제공되는 스타일인 S4이다.

각기 다른 업무와 기능에 있어서, 대부분의 사람들이 이런 두 개의 극단적인 준비상태의 저울눈 사이 어디인가에 위치한다. 능력은 없으나 의사가 있는 경우는 준비상태 2, R2로서, 업무수행에 필요한 지식이나 기술은 없지만 열심히 배우려고 힘쓰고, 노력도 많이 한다. 이런 부하직원들은 무엇인가를 할 수 없기 때문에, 지도와 방향지시가 필요하다. 그들이 좋은 결과를 얻기 위해서 노력하는 한, 리더는 지속적으로 동기부여를 해야 한다. 이런 부하직원들을 위한 가장 적절한 리더십 스타일은 높은 업무지침과 높은 지원이 필요한 스타일 2, S2이다.

부하직원이 특정한 업무수행을 위해서 필요한 지식은 있으나 자신감이나 동기부여가 안 되어 있다면, 준비상태 3번, R3이다. 이런 부하직원에게 가장 적절한 리더십 스타일은 높은 지원행동과 낮은 업무지침이 필요한 리더십 스타일 3, S3이다. 이런 부하들은 업무수행을 어떻게 해야 하는지 알고 있기 때문에, 그들에게는 많은 교육이나 방향 제시가 필요없다. 그러나 그들에게도 지원은 필요하다. 그들은 자기들의 자신감을 키우고, 발생하는 문제를 해결하기 위해 대화하며, 또 의논할 수 있도록 상사(Boss)로부터 격려를 받아야 한다.

상황대응형 리더십의 모델이 다음 페이지에 도표로 잘 설명되어 있다. 네 개의 리더십 스타일 위로 그려진 곡선은 업무수행형과 인간관계형의 가장 적절한 결합을 나타내고 있다. 이런 결합은 바로 밑에 있는 준비상태에 직접적으로 부합된다. 모델을 활용하기 위해서, 준비상태의 도표에서 특정한 업무를 수행하는 부하직원의 준비상태를 나타내는 한 칸을 고르라. 그리고 그 칸에서 리더의 행동스타일을 나타내는 곡선에서 만나는 지점까지 수직선을 그리라. 이 점은 특별한 상황에서 가장 적절한 수준의 업무수행형 행동과 인간관계형 행동을 수행하도록 제시할 것이다.

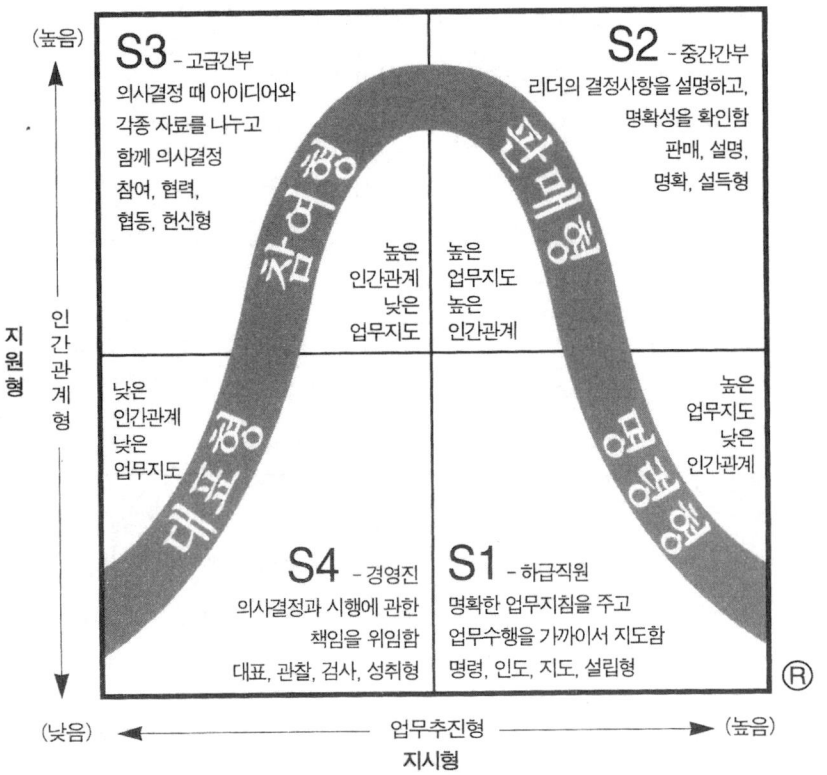

도표 4

66 상황을 이끄는 리더가 성공한다

네 개의 각기 다른 스타일을 설명하는 한 단어에 유의하라.

S1은 준비상태가 낮은 경우, 영향력을 발휘하는 데 적합하다. "말해주기"(Telling)라 불리는데, 이유는 리더가 "무엇을, 언제, 어디에서, 어떻게" 해야 하는지를 구체적으로 제시하기 때문이다. 그러나 리더는 지나친 지원을 제공해서는 안 되는데, 관대하다고 쉽게 생각할지도 모르며, 혹 적은 성과에도 보상을 기대할지 모르기 때문이다.

S2는 준비상태가 중하위인 경우, 영향력을 발휘하는 데 적합하다. "판매하기"(Selling)로 불리는데, 이유는 리더가 지침과 방침을 제공해 주기 때문이다. 리더가 이유와 명확성을 설명해 줌으로써, 부하직원들이 심리적으로 그 방침을 수용하도록 시도하는 것이다.

S3은 준비상태가 중상위인 경우, 영향력을 발휘하는 데 적합하다. "참여하기"(Participating)라 불리는데, 리더와 부하가 업무지침과 방침을 함께 의논하기 때문이다. 리더의 중요한 역할은 필요한 것을 제공해 주고, 용기를 주고, 부하들로 하여금 참여토록 격려하는 것이다.

S4는 준비상태가 높을 때, 영향력을 발휘하는 데 적합하

다. "위임하기"(Delegating)로 불리는데, 리더는 의사결정과 완성의 책임을 부하에게 위임하기 때문이다.

이 한 단어의 해설용 낱말들은 4개의 리더십을 쉽게 기억하는 데 도움을 줄 것이다. 그렇지만, 한두 개의 단어들로 어떤 상황을 설명하기에는 좀 미흡할 것이다. 명령하기, 판매하기, 참여하기, 위임하기 등의 단어는 당신이 설명코자 하는 것을 정확히 묘사할 수 없을지도 모른다. 리더들의 행동스타일을 설명하는 데 도움이 될 만한 다른 단어들을 소개한다.

리더 스타일 1	리더 스타일 2	리더 스타일 3	리더 스타일 4
명령	판매	참여	위임
안내	설명	격려	관찰
지시	명료화	협력	감독
제정	설득	헌신	완수

모델들을 활용함

부하들의 필요를 파악하는 것은 중요하다. 사람들이 자신이 해야 할 특정한 업무수행의 준비상태가 좋아지게 되면 리더로부터 필요로 하는 행동스타일도 변한다. 준비상태 1과 준비상태 2에 있는 부하직원들은 좀더 성장하고 업무수행을 잘하기 위해서 조직(Structure)과 안내가 필요하다. 또 그들이 준비상태 1에서 준비상태 2로 성장할 때, 보상과 지원이 필요하다.

가끔 매니저들은, 부하들이 능력도 자신감도 없는 R1에서, 능력은 없지만 자신감은 가지고 있는 R2로 성장하는 것을 보게 된다. 그들은 리더들이 방향을 제시하면서 그들과 함께 있는 한 업무를 잘 수행한다. R2 직원들의 자신감과 업무수행은 리더의 방향제시와 반응에 의존한다는 것을 명심해야 한다. 이것은 그들에게 스스로 업무를 수행하는 능력이 있다거나 자신감이 있다는 것은 **아니다**.

다음 도표는 부하직원이 준비상태 R2에서 R3로 성장하면서 어떻게 자신감이 다시 떨어지는지를 이해하는 데 도움이 될 것이다. 사람들은 성장하면서 그들 스스로 업무를 수행하도록 책임감이 주어지면 처음 얼마동안은 책임감으로 불안하게 된다. 당신이 여러 사람 앞에서 처음으로 발표하던 때를 생각해 보라. 거울 앞에서 녹음기를 놓고 연습을 했는데도, 대개 발표직전에는 "초조감"과 불안으로 떨었을 것이다. 그렇지만 조금 지나서, 냉정을 찾고, 본인 스스로 능력 있고 자신감 넘치는 발표를 했을 것이다.

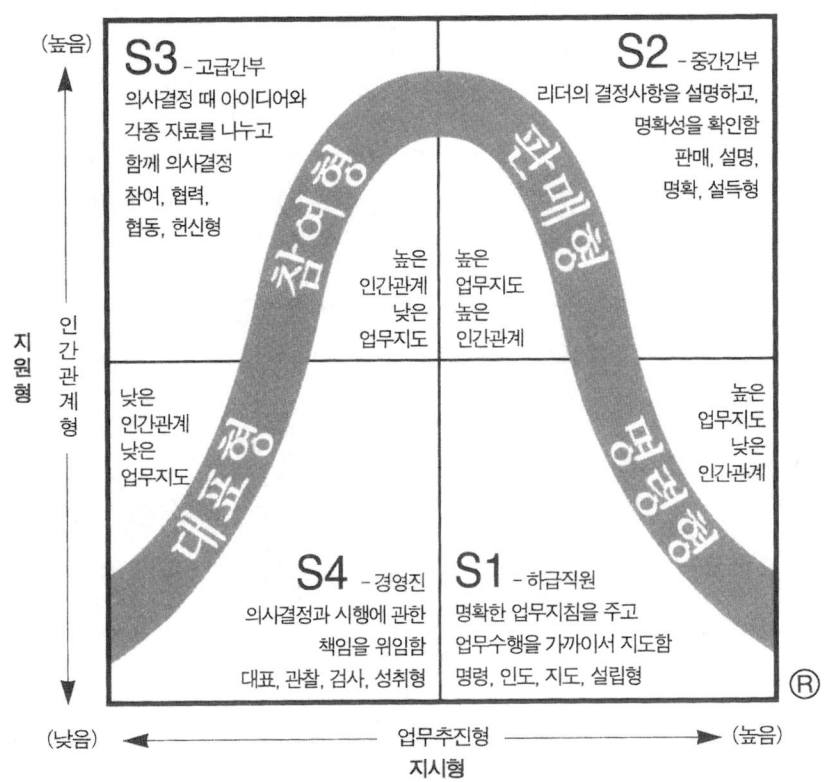

도표 5

상황대응형 리더에게는 특정 업무수행이나 기능을 위한 어떤 준비단계도 부정적이거나 잘못된 것이 없다는 사실을 명심하는 것이 중요하다. 준비상태란 부하가 특정한 업무를 수행하는 능력과 의욕의 정도를 설명하는 것이다.

상황대응형 리더십은 "조직화된 일반상식"일 뿐이다. 모델들을 이해하는 것은 당신이 주변환경에 대한 좀더 바른 이해를 갖는 것과 **왜** 어떤 행동이 잘 활용되지 않는지 파악하는 데 도움이 될 것이다.

* 경험없는 신입사원들의 개발을 맡은 일선 상급자에게는 부하직원들을 지시하고 가까이에서 감독하는 S1이 유용한 리더십 전략이다.
* 기술개발에 적극적이고 열성 있는 부하직원은 지도와 지원을 받는 S2에 좋은 반응을 보인다.
* 업무수행에 필수적인 지식과 기술을 갖추었지만 전적인 책임완수에 대한 자신감이 부족한 직원은 격려와 지원을 해주는 S3에 좋은 반응을 보인다.
* 경험이 풍부하고 부하직원들에게 헌신적인 간부들은 그들 스스로 업무를 처리하도록 허락하는 S4의 경우에 훌륭한 결과를 얻게 된다.

스타일과 준비상태의 연결

준비상태		스타일	해설
R1	능력없음 의욕없음 자신감없음	S1	높은 업무추진 낮은 관계유지	구체적인 지침을 제공하고 실행을 가까이서 감독함
R2	능력없음 의욕있음 자신감있음	S2	높은 업무추진 높은 관계유지	의사결정을 설명하고 명확하게 이해할 기회를 제공함
R3	능력있음 의욕없음 자신감없음	S3	높은 관계유지 낮은 업무지침	아이디어를 공유하고 부하의 의사결정을 촉진함
R4	능력있음 의욕있음 자신감있음	S4	낮은 관계유지 낮은 업무지침	의사결정과 업무수행에 대한 책임을 넘겨줌

도표 6
위의 도표는 부하직원의 준비상태와 리더의 행동스타일을 연결시킨 것이다.

에필로그

로저스 : 제 생각에, 결국 각기 다른 상황 속에서 사람들을 관리하지만, 제 행동은 융통성과 일관성을 유지하면서 모든 상황에 적용해야 한다는 것입니다. 그리고 다음 단계로는, 자기 스스로가 책임자(charge)라는 것을 확인해야 합니다.

부서장 : 자신을 책임자로 세운다고? 무슨 뜻이지? 자네는 감독자(boss)가 아닌가, 또 자네는 책임자가 **아닌가?**

제5장

책임 담당 Taking Charge

권력을 이해하고 또 그 권력을 이용할 줄 아는 리더는, 그것을 모르거나 이용하지 않으려는 리더보다 훨씬 더 효과적으로 리더십을 발휘한다.

이야기

로저스 : 저는 제 능력으로 이 일을 충분히 해낼 수 있다고 확신합니다. 그런데, 리더의 역할을 담당하게 될 제게 테일러씨가 강조한 사항이 있었는데, 그것은 든든한 권력기반을 확립하는 것이 중요하다는 것입니다.

부서장 : 권력이란 정확히 말해서 무얼 의미하는가?

로저스 : 단순히 제가 매니저로서 다른 사람들에게 영향력을 행사하려는 것들입니다.

부서장 : 예를 들면?

로저스 : 글쎄요, 우선 그들이 저를 포상을 줄 수 있는 자로 알아야 한다는 사실이 떠오르는군요. 저를 능력 있는 자로만 알 것이 아니라, 반대로 제재를 가할 수 있는 자로도 알아야 합니다.

부서장 : 그것과 의욕은 무슨 관계가 있는가?

로저스 : 거의 모든 매니저들은 자신의 책임을 담당할 **능력**이 있습니다. 테일러씨는 제가 함께 일했던 분들 중에서 문제상황에 자진해서 끼여들려고 하는 몇 안 되는 분 중의 하나였습니다.

부서장 : 자네도 알겠지만, 나도 테일러씨를 주시해 보았어. 자네는 왜 많은 매니저들이 문제가 발생할 때 그 문제를 회피하려는지 아는가?

로저스 : 제 생각으로는, 많은 사람들이 천성적으로 자신을 비중 있는 사람으로 생각지 않으려는 데 있다고 봅니다. 그런데 직장에서 문제가 발생했는데도, 책임 있는 사람이 아무런 행동을 취하지 않는다면, 전체 그룹에게 그 문제가 떨어지겠죠.

부서장 : 나도 한 번 본 적이 있는데……. 통제를 확립해야 한다는 말은 마음에 드는군. 그런데 자넨 사람들이 자네를 좋아하길 원하지 않나?

로저스 : 제 말을 오해하지 마세요. 사람들이 부서장님을 좋아하도록 하고, 부서장님과 동질감을 느끼게 하고, 부서장님을 능력 있는 사람으로 여기게 하는 것이 중요합니다. 그런데, 테일러씨는 제게 우정을 통제하지 말아야 한다는 것을 명심하라

고 했습니다.

부서장 : "우정을 통제하지 않는다"는 건 무슨 의미지?

로저스 : 우리가 나눈 이 대화를 예로 들어보죠. 이 면접이 끝난 후 저는 당신이 아주 훌륭한 분이라 생각하고 나갈 수 있습니다. 다시 말해 저는 이 짧은 대화시간을 통해서도 당신을 상당히 훌륭한 분으로 **좋아할** 수 있다는 것입니다. 그런데, 내일 아침, 그렇게 좋아했던 제 마음이 바뀌어 버릴 정도의 당신에 대한 어떤 소문을 들었거나, 당신의 어떤 행동을 보았다고 생각해 보시고, 또 당신은 그것을 변명할 수도 없는 입장이라고 상상해 보세요. 그렇다 하더라도, 제가 당신을 한 인간으로서 좋아하든지 말든지 간에, 또 제가 어떻게 생각하든지 간에, 부서장님은 이 회사에서 포상권과 징계권을 갖고 있습니다.

부서장 : 자네 말을 들으니, 권력이나 통제의 문제를 해결하려고 지난 몇 년간 수강했던 관리개발 과목의 모든 내용들이 생각나는구먼.

로저스 : 테일러씨도 그 문제에 대해 말하곤 했는데……. 권력은 실제상황의 문제이므로 절대로 잊지 말라고, 또 절대로 책상 밑으로 감추려 들지 말라고 주의를 주더군요.

배경

영향력 있는 잠재력

책임을 맡았을 때, 리더는 영향력을 발휘할 능력을 지녀야 한다. 리더십이란 다른 사람에게 또는 다른 그룹에게 영향력을 발휘하는 것이라고 정의되었다. 성공적인 리더십을 생각한다면, 권력의 개념이 점검되어야 한다. **권력이란 잠재적 영향력이다.** 권력이란 리더가 다른 사람들로부터 순종이나 헌신을 얻어낼 수 있는 기반이다.

권력이란 종종 말하기 꺼려지는 주제이다. 권력에는 어두운 면이 있어서, 많은 사람들은 권력을 멀리 하려 하고, 권력과는 상관이 없는 것처럼 보이려 한다. 그렇지만, 권력이란 세상의 실질적인 문제이다. 그래서 권력을 이해하고 또 그 권력을 이용할 줄 아는 리더는, 그것을 모르거나 이용하지 않으려는 리더보다 훨씬 더 효과적으로 리더십을 발휘한다. 타인의 행동에 성공적으로 영향력을 행사하기 위해서, 리더는 다양한 리더십 스타일에서 권력이 미치는 영향력을 이해해야 한다.

현대사회 조직 속에서의 다양한 권력기반은 제도화되거나, 타협되거나, 규제되었다. 오늘날은 리더들이 활용할 수 있는 권력이 줄어들었기 때문에, 활용이 가능한 권력을 효과적으로 사용하는 것이 매우 중요하다. 권력기반이 리더십 스타일을 이끌어 주기 때문에, 권력기반을 적절히 사용하는 것이 상황대응형 리더로서의 당신의 영향력을 증대시킬 수 있다.

직책상의 권력과 인격적인 권력

권력은 기본적으로 두 가지로 구분되는데, 직책상의 권력과 인격적인 권력이다.

직책상의 권력이란 리더가 부하직원들에게 부수적으로 제공해 줄 수 있는 상급, 벌칙, 징계 등에까지 확장된 개념이다.

직책상의 권력이란 리더가 부하들을 평가하는 것에 있어 포상, 징계, 인정 등에까지 확장하는 개념이다. 직책상의 권력은 조직으로부터 부여되는데, 엄밀히 말하자면 위로부터 부여되는 것이다. 직책상의 권력은 위임된 포상과 징계를 사용할 수 있는 권력이라고 여겨진다.

오늘 직책상의 권력을 가졌다고 내일도 가질 수 있으리라는 보장이 없다는 것을 명심하라. 당신 상급자가 포상과 징계를 행사할 수 있도록 당신에게 권력을 부여했을 뿐만 아니라, 그 권력을 회수할 수도 있다. 이 일은 당신이 받은 권력이 강한 영향력을 발휘할 수 없다는 것은 아니다. 당신과 조직의 상사 사이에 확신과 신뢰를 어느 정도나 구축하느냐에 따라, 당신에게 어느 정도의 권위를 위임할 것인가를 상사가 결정할 것이다. 권력이란 당신이 매일매일 획득하는 것이다.

리더의 직책상 권력에 부여되는 중요한 근거들은 다음과 같다.

강압적 권력 - 두려움에 근거한다. 강압적 권력을 가진 자에게는 부하들이 순종하게 되는데 이유는 업무이행에 실패하게 되면 견책, 탐탁지 않은 작업 부여, 해고 등의 불이익이나 징계를 받을 것으로 여기게 되기 때문이다.

관계적 권력 – 리더가 조직체 안팎의 영향력 있는 사람 혹은 중요한 사람들에게 연결되었다는 것을 부하들이 인식하는 데 근거한다. 관계적 권력을 가진 리더에게는 부하들이 순종하게 되는데, 그것은 부하들이 그와 연관된 사람들에게 호의를 얻으려 하거나 징계를 회피하려고 하기 때문이다.

합법적 권력 – 리더가 자신의 직책이나 직함에 근거해서 의사결정을 하는 것이 적합하다는 부하들의 인식에 근거한다. 합법적 권력을 가진 리더에게는 부하들이 순종하게 되는데 부하들이 리더가 가진 직책이나 직함에 그런 권리가 포함되어 있다고 느끼기 때문이다.

포상의 권력 – 리더가 포상의 근원이라는 부하들의 인식에 근거한다. 포상의 권력을 가진 리더에게는 부하들이 순종하게 되는데 그것은 부하들이 리더의 지침을 따르는 것이 임금, 승진, 포상에 긍정적으로 작용한다고 믿기 때문이다.

인격적 권력이란 당신이 영향력을 행사하려는 사람에게 확신과 신뢰를 받을 수 있다는 개념으로 확장된다. 이것은 리더와 부하 사이의 일치와 헌신(Commitment)이다. 인격적 권력에서 부하들은 리더의 목적이 성취됨에 따라 리더의 목적과 자신의 목적이 같거나, 비슷하거나, 의존한다고 여기는 데까지 확장된다.

직책상의 권력이 조직의 상부로부터 주어지는 것이라면, 인격적 권력은 전수되는 것이 아니라 부하로부터 얻는 것이다. 리더에게 카리스마가 있는 것이 아니다. 부하들이 리더에게 카리스마를 주는 것이다. 미국은 1972년 리처드 닉슨 대통령을 재선시켜 압도적인 권위를 부여했지만, 바로 몇 달이 못되어, 그의 권위를 빼앗았다. 인격적 권력은 리더 속에 있는 것이 아니라, 리더가 영향력을 행사하려는 사람들에게서 얻는 것이다.

리더의 인격적 권력에 공헌하는 몇 가지 중요한 근거들은 다음과 같다.

> 전문가의 권력 - 리더의 지식, 기술, 전문성에 대한 부하들의 신뢰에 근거한다. 전문가의 권력을 가진 리더는, 부하들이 그들 자신의 목적과 목표를 만족시키는 데 리더의 전문성이 필요함을 인식할 때 영향을 끼친다.

> 정보의 권력 - 리더가 부하들 각자에게 필요한 정보를 소유했거나, 리더를 통해 그 정보를 입수할 수 있다고 부하들이 인식하는 것에 근거한다. 정보의 권력을 가진 리더는 부하

들이 각종 자료를 필요로 할 때 "정보에 관여해서" 영향력을 발휘한다.

지시적인 권력 - 부하들이 리더와 상호작용하는 데 흥미를 갖게 되는 것에 근거한다. 리더가 부하들의 의견을 잘 들어주고 그들에게 필요한 것을 알아줄 때, 또 이야기를 잘 해줄 때, 나타나는 결과이다. 지시적인 권력을 가진 리더는 부하들이 리더와의 관계를 지속하기 위해서 그들의 행동을 스스로 조절할 때 효력을 발휘한다.

최고의 권력기반은?

거의 500년간 리더가 직책상의 권력을 갖는 게 좋으냐, 인격적 권력을 갖는 것이 좋으냐의 문제로 논쟁을 해 왔다. 1500년대 초에 니콜로 마키아벨리는 『군주론』이라는 그의 저서에서 '리더가 부하들한테 사랑받는 것이 좋으냐 혹은 두려움의 대상이 되는 것이 좋으냐'는 질문을 던졌다. 그리고 그 질문에 대해 그는 두 가지 권력 모두를 갖는 리더가 최고의 리더라는 답변을 제시했다.

영향력 있는 리더는 어느 한쪽에 치우쳐서 권력을 행사하지 않는다. 그들은 두 가지 권력 모두를 확립하고 잘 유지한다. 그들은 직책상의 권력을 적절히 사용하는 데 절대로 어색해 하지 않으며, 동시에 그들의 인격적 권력을 세우기를 계속한다.

상호작용의 영향력 구조

 직책상 권력과 인격적 권력이 서로 독특한 구분이 있고 각기 다른 배경을 갖고 있지만, 그들은 하나로 상호작용하는 영향력의 구조를 형성한다는 사실을 명심하는 것이 중요하다. 두 개의 권력기반은 서로간에 직접적인 영향을 미친다.

 상사들은 리더가 부하들로부터 경의와 존경을 받는 모습을 보일 때, 그 리더에게 더 많은 권위와 책임을 부여한다. 동시에 부하들은 자기들의 리더가 조직의 고위급 상사들로부터 더 많은 포상과 인정을 받는다는 확신을 갖게 되면, 그 리더에게 더 많은 인격적 권위를 부여하는 경향을 보인다. 부하들이 복종하고자 하는 정도는, 자기들에게 보상이나 책벌이나 표창을 줄 수 있는 리더의 능력에 대한 인식에 크게 의존한다. 마찬가지로, 직장의 상사가 리더에게 직책상의 권력을 위임하려는 정도는, 리더들이 부하들로부터 획득한 인격적인 권력의 수준에 좌우된다. 영향력 있는 리더는 자신의 잠재적인 영향력을 극대화하기 위해서 인격적 권력을 획득하고 또 직책상의 권력을 쌓아간다.

인식의 문제

 권력을 이해하는 데 필수적인 단어는 "인식"이다. 그것은 꼭 리더가 얼마나 많은 권력을 가졌느냐를 말하는 것은 아니더라도, 리더가 부하들의 행동을 자극하는 데 활용하려고 하고, 또 활용할 수 있는 권력을 부하들이 얼마나 인식했느냐의 문제이다. 진리나 현실 자체는 어떤 행동도 자극하지 않는다. 우리의 모든 행동은 현실에 대한 인식과 해석에 의한 것이다. 당신이 기혼자라면 마지막으로 부부간에 다투었던 때를 돌이켜 보자. 부부간에 다투게 된 이유가 사실이었느냐 혹은 추측이었느냐가 문제가 아니라, 그것이 다툴 만큼 커졌다는 것이 문제였다.

데이터 출력

권력의 문제에 있어서, 사람들은 당신이 권력을 가졌을 뿐만 아니라, 그것을 활용할 수 있고, 활용할 것이라는 것을 알아야 한다. 권력은 인식의 문제이므로, 그 사실을 알리는 것이 중요하다. 권력을 장악하는 것만으로는 충분하지 않다. 사람들에게 당신이 권력을 활용할 의사가 있음을 인식시켜야 한다. 빛을 큰 바구니 속에 감출 수는 없다. 정보가 정보은행에 저장되어 있기만 하다면 가치가 없다. 정보를 꺼내서 최종 사용자가 이해하고 수용할 수 있는 스타일로 만들 때에만 가치가 있는 것이다. 그건 간단한 이야기이다. 당신이 당신의 나팔을 불지 않으면, 누군가 다른 사람이 당신의 나팔을 다른 도구로 사용해 버릴 것이다. 어떤 리더는 엄청난 권력을 가졌지만, **사용**하지 않으려 한다.

어떤 아빠가 아들의 성적표를 살펴보고 있는데, 아들의 성적표 전체가 D로 채워진 걸 보고서, 정말 고통스러워하고 있다고 상상해 보자. 자기 자식이 갖고 온 성적표는 가족 전체를 실망시킬 것이다. 아빠는 아들을 불러 놓고, "데이브, 이건 안 돼. 난 이런 성적을 용납할 수 없어. 이번에 당장 성적을 안 올리면, 널 가두어 버릴 거야!"라고 말한다.

6주 후에, 데이브가 성적표를 다시 가져왔다. 이번에는 D라는 성적이 빨간 펜으로 느낌표와 함께 써 있었다. 아빠가 말하기를, "데이브, 너 이리 와. 정말로 기분 나쁘다. 넌 이제 선택의 여지가 없다. 공부 좀 열심히 해! 안 그러면 널 정말로 가두어 버릴 거야!"

다음 번에도 똑같은 일이 벌어졌는데, 이번에는 한 술 더 떠서 선생님이 데이브 성적표에 "교실 안에서 주의가 산만하다"라는 말까지 써 놓았다. 데이브의 아버지는 얼굴이 벌게져서, 손에 쥔 음료수 깡통을 찌그러뜨리면서 소리를 질렀다. "랄프 데이브, 넌 이제 끝장이야. 이게 마지막이란 말이야. 넌 이제 정말로 혼날 거야!"

이 일을 통해 데이브는 무얼 배웠겠는가? 데이브는 자기를 집안에 가두어둘 힘이 있는 자기 아버지가 그 힘을 사용하지 않을 것이라는 점을 깨달았다. 자기 아빠는 엄한 벌을 내리는 것을 싫어하기 때문에, 데이브는 6분 동안만 시달리면 6주 동안은 "구속에서 벗어난다"는 것을 알게 된 것이다.

권력은 인식의 문제이다 ― 사용하라. 그렇지 않으면 잃는다.

권력과 리더 스타일

상황대응형 리더는 권력과 리더십 스타일의 적용과의 관계를 이해할 필요가 있다. 만약 리더가 특정한 리더십 스타일을 구사할 만한 권력기반이 없다면, 그 스타일을 적절히 활용한다고 해도 기대하는 결과를 얻을 수 없을 것이다. 일반적으로 준비상태가 낮은 사람들과 함께 일할 때는, 직책상 권력이 가장 큰 영향을 끼친다. 반면에 준비상태가 높은 사람들과 함께 일할 때는, 인격적 권력이 중요한 영향력의 요인으로 작용한다.

예를 들어서, 만약 능력이나 의욕이 없는 사람이 자신에게 순종하라고 부하에게 요구한다면 성공하기 힘들다. 설혹 그가 상벌과 인정을 갖고 있는데 통솔이 안 된다 하더라도 결과는 마찬가지이다. "명령식" 통솔을 아무리 적절하게 사용한다 해도, 오리털 위에 떨어지는 물방울처럼 흘러 버리고 말 것이다. 또 다른 예는, 인간관계 행동의 강도를 높이는 것이 적합한 부하에게 오히려 업무지시형의 영향력을 발휘하고자 한다면 그것 역시 좋은 결과를 얻지 못할 것이다. 만약 당신이 지시적 권력을 확보하지 못했다면, 이런 행동은 포상이라기보다는 벌로 인식될 것이기 때문이다. 분위기를 만드는 것은 은행에 계좌를 설정하는 것과 같다. 지시적 권력이 개발되지 않는다면, 당신이 필요할 때 사용할 수 없다. 상황대응형 리더는 직책상 권력과 인격적 권력 모두를 개발하고 활용한다.

에필로그

로저스 : 저는 권력이라는 것이 제 능력을 만들어내고 계속 관계를 개선할 뿐만 아니라, 보상을 알맞게 해주고, 문제상황에 개입하는 것이라고 봅니다. 만약 제가 그렇게 할 수 있다면, 우리 부서의 목표를 달성하고, 사람들을 훈련하고 개발하는 데 매우 효과적일 것입니다.

부서장 : 사람들을 훈련하고 개발한다고? 업무를 인수받으려 하지 않고 얼마동안 훈련해야 한다는 건 아니겠지?

제6장
승리자로서의 성장
Growing Winners

> 상황대응형 리더는 도전에 직면하기도 하고, 그것을 기회로 삼을 수도 있다.
> 리더가 승리하면, 부하들도 승리하고, 조직도 승리한다.

이야기

로저스 : 저는 훈련부서에서 하는 것같이 전문적인 것이 아니라, 우리 부서 사람들에게 매일매일의 상황에서 기술개발의 확신을 심어 주는 것이 저의 책임이라고 생각합니다.

부서장 : 그러고 보니……. 자네와 테일러씨는 그것을 위해서 운용계획을 의논한 모양이구먼.

로저스 : 예! 사실은 그런 셈이지요. 테일러씨의 이름이 자주 거론되는 걸 원하지는 않지만, 저의 전 생애에 테일러씨만큼 그렇게 많은 것을 배우고 존경하게 된 분은 없는 것 같아요.

부서장 : 자네는 정말 테일러씨한테 푹 빠졌군, 그래.

로저스 : 맞아요. 테일러씨 말로는, 만약 부하들이 독립적으로 일하고 조직에 공헌할 수 있는 기회를 준다면, 그들은 자극을 받아 성장하게 될 것이라는군요.

부서장 : 어떻게 그렇게 한단 말인가?

로저스 : 그 비결은 어느 정도의 모험을 각오하고, 부하들의 업무수행이 발전하도록 그들을 대하는 스타일을 바꾸는 것이죠. 만약 매일매일 똑같은 방식으로 사람들에게 접근한다면, 사람들은 어느 단계에 고착되어서 그냥 거기에 머무르는 경향을 보이게 되겠죠.

부서장 : 모험이 없으면 성장이 없다. 흠……

로저스 : 바로 그겁니다. 그 비결은 당신이 지도해 주는 것을 조금씩 줄여 나가면서 업무수행을 관찰하고, 그리곤 발전을 강화하는 것입니다. 그런 식으로 당신은 모험을 하지만, 그 모험은 계산된 것입니다.

부서장 : 마치 애들이 가정에서 배워야 할 것들을 가르치는 것과 같군.

로저스 : 맞아요. 사실입니다. 테일러씨의 말에 의하면, 배우는 과정이 어린이들에게만 적용된다는 것은 비극이라는 것입니다.

부서장 : 그럼, 자네 지금 나를 가르쳐 보지 않으려나?

로저스 : 글쎄요. 제가 계획하고 준비한 예산안으로 한 번 해볼까요? 다시 말씀드려서, "돌아가라"는 것인데, 테일러씨는 방향을

제시하고 저의 향상을 보기 위해서 그곳에 계속 있으면서, 제가 질문하거나 좀더 확실하게 업무를 처리할 기회를 제공해 주었습니다.

부서장 : 그렇구먼. 한 번 그 과정을 거치면 자넨 연관된 질문을 할 수 있었을 테고, 테일러씨도 자네가 왜 그런 식으로 해야 하는지 이해할 수 있었을 거야.

로저스 : 맞아요……. 제가 몇 차례에 걸쳐서 일을 잘 처리하자, 테일러씨는 저 혼자서도 잘 할 수 있을 것이라고 여겼습니다.

부서장 : 그 때 자네 기분이 어땠나?

로저스 : 비록 걱정되는 게 좀 있기는 했지만, 테일러씨가 저를 그렇게 믿어주는 게 상당히 기분좋았습니다. 제 기억에, 테일러씨가 구체적인 지침을 주지 않아도 저는 금방 일을 처리할 수 있었습니다. 그분은 제게 격려와 지원을 아끼지 않았습니다. 확신을 갖고, 예산에 관한 안건을 제가 처리하도록 맡겼습니다. 이런 신뢰와 자율성에 대한 인정 덕분에 저는 진짜로 팀의 중요한 사람이라는 기분을 갖게 되었습니다.

부서장 : 그래서 어떻게 됐는데, 응?

로저스 : 테일러씨가 저를 완전히 혼자 내버려두었다고 생각하지 세요. 제가 잘못된 방향으로 가지 않고 올바르게 처리하는지 확인하려고, 우리는 예산건에 대해서 이야기하고자 종종 만났습니다.

부서장 : 그것도 중요한 것이지. 많은 경우에 리더들이 어떤 프로젝트

를 부하에게 위임하고 나면 자기 임무는 끝났다고 생각하거든. 그러다가 자기 부하들이 잘못된 방향에서 헤매고 있는 걸 발견하면 깜짝 놀라는 거야.

배경

 업무수행을 평가할 때, 생산성과 인사문제가 모두 고려되어야 한다. 리더들, 교사들, 학부형들은 자기가 맡은 사람들의 잠재적인 리더십, 동기, 전문성, 의사결정, 문제해결 등을 키워주기 위해 전념해야 한다. 상황대응형 리더는 인적자원 개발의 중요성을 인식한다. 인적자원이야말로 조직의 성공에 결정적인 역할을 하기 때문이다. 현대사회는 자연 자원이나 기술적인 자원이 많이 보급된 상태이다. 따라서 최근의 연구는 인적자원이 조직의 성패를 가름한다고 결론짓고 있다.
 상황대응형 리더에게 개발에 대한 책임을 강조하는 것은 매우 중요한 일이다. 그 이유는 다음과 같은 말로 요약할 수 있다. "사람들에게 물고기를 주라. 그러면 그들은 하루를 먹을 수 있을 것이다. 사람들에게 물고기 잡는 방법을 가르쳐 주라. 그러면 평생동안 물고기를 먹을 것이다." 준비단계에 있는 사람에게 적당한 지침과 격려를 제공해 주는 것만으로는 충분치 않다. 상황대응형 리더는 부하들의 능력과 헌신을 개발해서, 부하들이 다른 사람의 지침이나 안내에 의존하지 않고 스스로 동기유발을 할 수 있게 해야 한다.

리더를 위해서 무엇이 필요한가?

 부하들이 낮은 준비단계에 있으면, 리더는 "전통적인" 관리 기능인 계획, 조직, 동기유발, 통솔 등의 책임을 져야 한다. 리더의 역할은 그룹의 감독이다. 그렇지만, 리더가 부하들을 개발해서 부하들이 높은 준비단계가 되면, 이제까지 리더가 감당해 오던 매일매일의 전통적 관리기능 중에서 상당부분의 책임을 부하들이 떠맡을 수 있다. 그렇게 되면 조직의 다음 단계에서 리더의 역할은 감독자의 역할에서 그룹의 대표자로 바뀌게 된다.

사람들을 개발시킴으로, 상황대응형 리더들은 자신들의 시간을 "높은 급료"(high pay off)에 맞는 관리기능에 투자할 수 있다. 이런 "연결고리"(linking pin) 활동들은 그룹의 업무수행을 증진시킨다. 부하들이 일상적인 업무에 대해 스스로가 책임을 떠맡게 된다면 리더는 이런 관리기능에 전념할 수 있다. 이런 기능들에는 그룹의 생산성을 극대화하기 위해서 필요한 자료를 수집하고, 수평적으로 또 수직적으로 대화하고, 전반적인 생산성을 높이기 위해서 그들 그룹의 결과를 다른 부서와 조정하는 것이 포함되어 있다. 리더는, 터널 같은 비전 속에 갇혀 지내는 대신에, 장기적인 전략적 계획과 창조성을 갖출 수 있다.

원칙적으로, 사람들의 행동을 지도하는 데 경험이 적은 사람들과 함께 일하게 될 때에는 근접지도와 방향제시가 도움이 된다. 그렇지만 상황대응형 리더들은 이런 스타일이 단지 첫 번째 단계에 불과하다는 것을 인식한다. 높은 급료에 맞는 역할을 하는 데 자신의 잠재능력을 극대화하기 위해서, 그들은 자신들의 스타일을 바꾸어야 하고, 다른 사람들이 성장하도록 돕는 적극적인 역할을 담당해야 한다. 부하들은

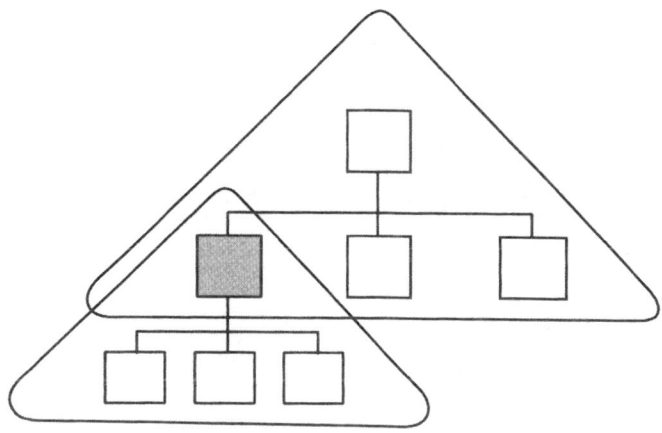

도표 7
리더의 역할이 그룹의 감독자에서 조직의 단계에 대한 대표자로 바뀐다. 그렇게 되면 리더는 "높은 급료"와 연관된 기능을 수행할 수 있게 된다.

리더의 행동뿐만 아니라 그들에 대한 리더의 가치 매김과 기대감에 따라 개발된다.

사람에 대한 긍정적인 신념!

사람들과 함께 일하고 그들이 성장하도록 도울 때, 리더들은 그들의 가능성에 대해서 긍정적으로 가정(假定)할 필요가 있다. 상황대응형 리더들은 팀원들이 성장할 수 있는 가능성을 지녔다고 믿으면서, 독립할 수 있고 또 그렇게 할 것이라는 확신을 가진다.

부하들의 업무수행에는 리더가 갖고 있는 부하들에 대한 기대감이 반영된다. 상황대응형 리더들은 자신들이 다른 사람에 대해서 가졌던 이 가능성의 영향력에 대해서 책임을 진다. 그들은 부하들에 대한 자신의 기대감이 높고 실제적이면, 생산성과 업무수행이 똑같이 증대된다는 것을 인식한다. 부하들이 자신들의 리더들의 높은 기대감에 대해서 높은 업무수행으로 반응을 보일 때, "영향력의 주기(effective cycle)"가 작동하기 시작한다.

사람들을 가능성을 가진 존재로 여기지 않고, 그들의 성장을 위한 기회를 제공하지 않는 리더들은 종종 낮은 업무수행의 결과적인 가치만을 반영한다. 사람들의 가능성에 대한 낮은 기대감은 낮은 수준의 업무수행을 유발한다. 낮은 수준의 업무수행은 리더의 낮은 기대감을 강요하고, 그에 따라 "비효율적인 순환"이 시작될 것이다. 도표 8과 도표 9는 효과적인 순환과 비효과적인 순환을 제시한다.

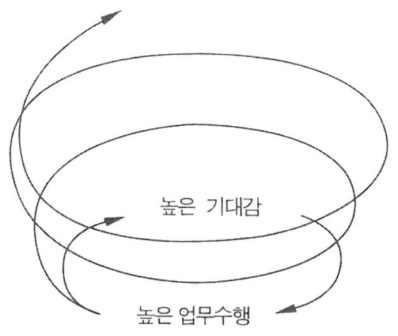

도표 8
리더의 높고 실제적인 기대감은 부하들의 높은 업무수행을 유발한다. 높은 업무수행은 또 다른 높은 기대감을 강요하고, 이것은 또 다른 좀더 높은 업무수행을 유발한다.

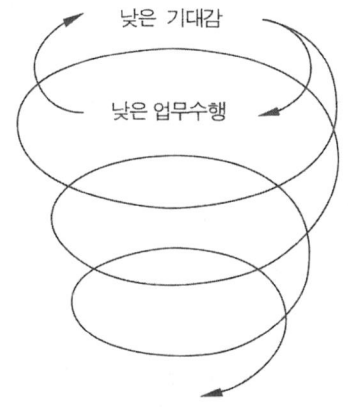

도표 9
리더의 낮은 기대감은 부하들의 낮은 업무수행이라는 결과를 낳는다. 낮은 업무수행은 낮은 기대감을 강요하고, 더 낮은 생산성을 유발한다.

제6장 승리자로서의 성장 97

어떤 것도 지금 그 상태에 머물러 있지 않는다는 사실을 기억해야 한다. 상태란 항상 좋아지든지 나빠지든지 한다. 사람들 속에서 일어나는 변화는 리더를 대신하여 혹은 리더 때문에 일어난다. 상황대응형 리더는 변화를 기대하고 수행하는 데 열성을 다한다. 상황대응형 리더는 부하들이 기댈 수 있는 버팀목이 아니라, 그들의 성장과 개발을 위한 촉매제이다. 그들은 부하들의 준비단계를 개발하고 부하들이 "승리자"가 될 수 있도록 책임을 담당한다.

인력개발

리더들이 인력을 개발할 때 고려해야 할 첫 번째 문제는 "부하들의 업무수행을 위해 어떤 특정적인 분야에서 영향력을 발휘하기를 원하는가?"이다. 리더들은 훌륭한 업무수행이 무엇인지 명확히 할 필요가 있다. 분명치 않은 분야에서 부하들의 행동스타일을 개발한다는 것은 매우 어려운 일이고, 구체적인 결과들을 확인함으로써 리더들은 부하들의 준비단계에 대한 분석의 정확성을 올릴 수 있다.

리더가 인력개발을 할 때 고려할 두 번째 문제는 확인된 활동으로 부하들의 업무수행 의욕과 능력을 평가해야 한다는 것이다. 이것은 리더들이 부하들을 개발하기 위해서 적절한 리더십 스타일을 활용하는 데 도움이 될 것이다.

준비상태를 끌어올리기

상황대응형 리더가 어떤 방식으로 인력개발을 하는지 설명하기 위해서, 하나의 예를 가정해보자. 리더가 예산작성을 하는 부하의 준비단계가 낮아서 R1이라고 결정했다면, 그 리더는 부하에게 무엇을 해야 하는지 지시하고, 각 분야의 업무를 어떻게 처리하는지 보여주는 것으로 시작하게 된다. "명령"식의 리더십 스타일이 지시는 많이 하고 지원은 적게 하지만, 그렇다고 리더가 개인적이고 친절하지 않다는 의미는 아니다. 이런 상황에서 지원행동이 적다는 것은 리더가 **현재의** 업무수행의 효율을 위해서 오히려 지원하지 않는 것이 낫다는 의미일 뿐이다.

이 경우에는 리더가 부하를 가까이서 돌보기 때문에 예산책정이 잘 이루어질 것이다. 준비상태를 끌어올리기 위해서 리더는 차차 명령을 자제하고, 한 번에 조금씩만 명령하고, 방향제시를 충분히 해서 부하가 성장할 수 있는 기회를 제공해야 한다.

위험부담을 산출함

부하를 개발하기 위해서 리더는 어느 정도 위험부담을 져야 하고, 또 어느 정도 책임을 위임할 필요가 있다. 이것은 과거에 책임을 져 본 일이 없는 리더가 개인들을 감독할 때는 더욱더 필요하다. 성장을 위해서는 위험부담이 있을 때 리더들이 적절한 정도의 위험부담을 안아야 한다. 예를 들어 보자. 부모님들이 자녀들에게 접시를 닦는 방법을 알려주기 위해서 어떤 위험부담을 갖는가? 바로 접시들이다. 아이들에게 접시닦기를 가르칠 때, 할머니의 유산인 값비싼 "본 차이나" 접시로 시작하는 것은 적절하지 않다. 그건 어느 정도가 아니라, 대단히 큰 위험부담을 안는 것이다. 아이들이 접시닦기를 시작할 때는 플라스틱이나, 석회질의 접시로 시작하는 것이 좋을 것이다. 즉, **계산된 위험부담**이다.

사람들은 조금씩 성장한다

리더들은 사람들이 일을 어떻게 처리하는지 한꺼번에 배우는 것이 아니라는 사실을 명심해야 한다. 부하들을 위해서 제공해 오던 방향제시/업무지침 사항을 줄일 때는 위험부담을 계산해야 한다. 상황대응형 리더는 무엇을 해야 할지 명령하고 그들 스스로 처리하도록 두다가 실패하도록 방치하지는 않는다. 상황대응형 리더는 부하들의 성장과 개발을 촉진하는 두 단계의 과정을 도입한다.

준비상태가 낮은 부하들을 개발할 때, 첫 단계는 방향제시와 감독의 수준을 줄이는 것이다. 그런 후에 리더는 부하들을 관찰한다. 기대했던 업무수행이 이루어지면, 두 번째 단계로 관계개선을 증가시킨다. 도표 10이 이 과정을 설명해 준다.

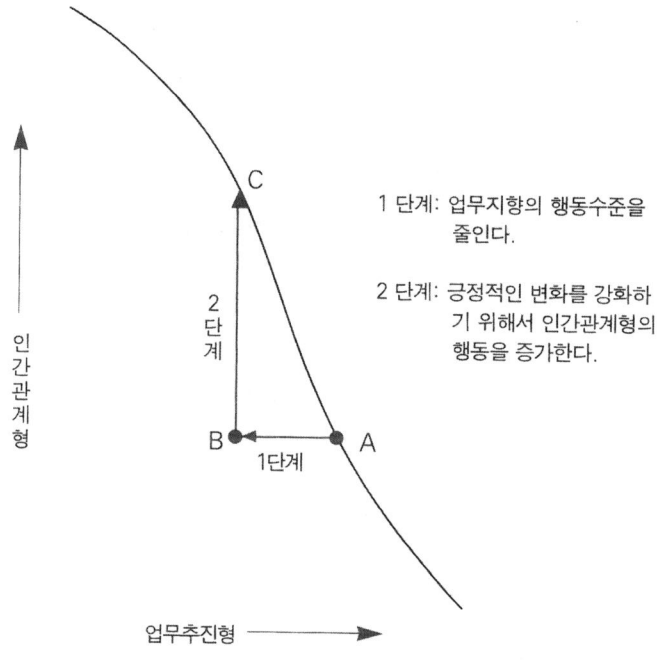

도표 10

사람들을 개발하기 위하여, 리더는 업무추진 행동을 B지점 (1단계)으로 감소시켜서 약간의 책임감을 위임한다. 만약 부하가 증가된 책임감을 잘 수행한다면, 리더는 관계개선행동을 C지점 (2단계)에서 증가시킴으로 이런 행동을 긍정적으로 강화시킨다.

리더는 계산된 위험부담을 감당하고, 너무 큰 책임감을 무리하게 위임하지 않도록 조심해야 한다. 부하가 감당할 능력을 갖추기도 전에 책임이 이미 부여됐다면, 리더는 부하의 실패와 혼란을 조장한 것이고, 결과적으로 그 사람에게 미래의 책임회피 이유까지 제공해 준 것이다.

포상(Reward)으로서의 관계행동

포상(reward)과 강화(reinforcement)는 사람들을 개발하는 중요한 도구들이다. 부하들에 대한 후원을 하는 것은 리더들에게 아직까지도 유용한 포상제도 중 하나이다. 그러므로 이런 포상제도를 적절히 활용하는 것은 중요하다. 리더들은 기대되는 업무수행이 이루어질 때에만 포상을 제공해야 한다.

포상을 제공하면서, '말(horse)도 없는데 마차를 먼저 준비하는 일'이 벌어지지 않도록 하는 점을 명심해야 한다. 만약 리더가 업무지침 행동을 줄이는 동시에 바로 관계개선행동을 증가시킨다면 부하는 포상이 주어지기 전에 이미 포상을 받고 있는 것이다. 이건 마치 시간당 5불짜리 가치밖에 없는 사람에게 한 번에 20불을 지급하는 것과 같은 것이다. 만약 당신이 어떤 이에게 20불을 올려 준다면, 업무수행을 개선하는 데 약간의 자극은 될 것이다.

성장에 따라, 필요가 바뀐다

부하들이 낮은 준비상태에 있다면 그들에게는 리더의 지시와 지침이 필요하다. 그들은 리더와의 관계개선을 포상으로 여기는 경향이 있다. 상사와의 대화나 상사로부터 설명, 해명을 듣는 일 그리고 상사로부터 용기를 얻는 것은 부하들로 하여금 확신과 열성이 생기게 하며 새로운 활력소로 분위기를 바꾸어가는 데 도움이 된다.

사람들이 높은 준비단계로 성장함에 따라, 필요사항도 바뀐다. 업무수행 능력이 개발되고 나면, 그들은 많은 업무지침과 감독이 더 이상 필요하지 않다. 이제 그들에게 필요한 것은 지원과 격려이다. 그러다가 사람들이 중간의 준비상태에서 더 높은 준비상태로 개발된다면, 지침과 격려행동을 모두 적게 내리는 것이 적절하다.

준비단계가 잘된 사람들과의 인간관계를 줄이는 것이 리더와 부하들간의 확신과 신뢰가 줄었다는 의미는 아니다. 실제로는, 더 이상 지원할 것이 없다는 것을 암시한다. 따라서, 리더는 부하들의 준비상태가 3과 4수준에 이르면 계속 성장하도록 인간관계의 수준을 줄이는 것이 적절하다. 상황대응형 리더들은, 준비상태가 높은 부하들과 일하게 될 때, 자발적으로 행동하고자 하는 요구가 지원행동의 요구사항보다 강력하게 나타나는 것을 깨닫게 된다. 도표 11이 이 과정을 잘 보여준다.

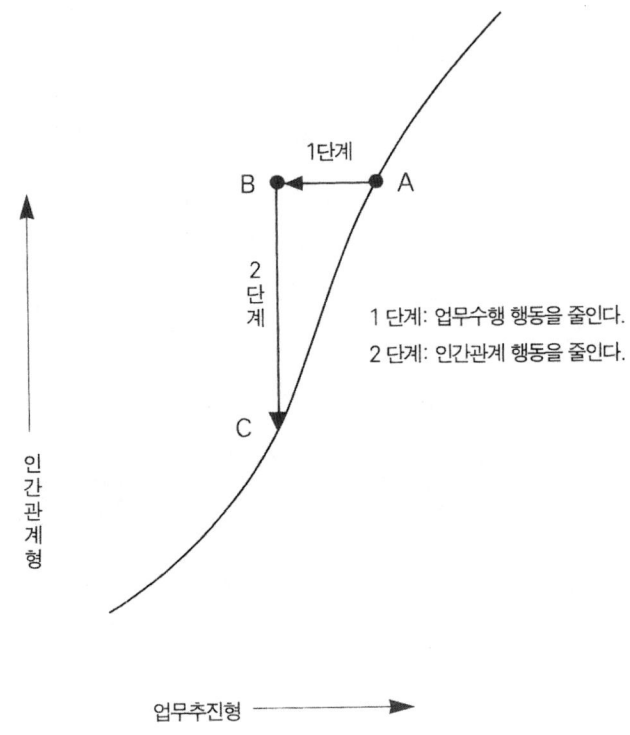

도표 11
준비상태가 3과 4 수준인 직원들에게는, 리더가 업무수행 행동을 B지점(1단계) 까지 줄임으로써 책임을 계속해서 위임해 준다. 만약 부하가 더 커진 업무수행의 책임을 잘 감당하게 되면, 리더는 부하들이 자신의 능력과 자신감을 잘 보여주고 있으므로 지시하거나 후원하는 행동을 줄여야 한다.

포상의 활용

　상황대응형 리더는 어떤 행동도 그 자체가 포상이나 징계가 되는 것이 아니라, 그것을 수용하는 이의 마음에 달렸다는 것을 알고 있다. 어떤 사람에게는 포상이 되는 것이, 다른 이에게는 징계가 될 수 있는데, 그것은 개인의 필요에 따른 만족감에 근거한다. 배고픈 사람에게 음식을 준다면 포상으로 여기겠지만, 배가 잔뜩 불러서 포만상태에 있는 사람에게 음식을 먹으라고 강요하는 것은 징계로 여겨진다. 리더가 업무수행의 증진을 위해 활용하는 포상은 자극제로서 중요하다.

　이런 이유로 준비상태가 낮은 부하들에게는 인간관계 행동을 증가시킴으로써 포상을 주는 것이 적합한 것이다. 만약 이런 부하들에게 자기들 스스로 일을 처리하도록 내버려두면 그들은 불안해 할 것이다. 만약 누군가가 그들에게 신경을 쓴다거나, 그들이 무엇인가를 해내도록 기대한다면, 그들은 상사가 어디 있더라도, 당황할 것이다. 이런 경우에는 리더의 행동이 포상이라기보다는 징계로 여겨질 수 있다. 어쨌거나, 준비단계가 높은 부하들은 자신들이 책임을 지고 스스로 일을 처리할 수 있는 기회를 얻을 때, 그것을 종종 신뢰와 확신의 표현으로 느끼며 아울러 시상으로 여긴다. 상황대응형 리더는 부하들의 필요를 채워주고 적절한 강화를 제공한다.

　업무수행에 대한 포상을 할 때, 그 범위는 기대했던 방향으로 업무가 이루어진 정도와 정비례하여 포상해야 한다. 시상의 적절한 사용은 리더들에게 매우 중요하다.

리더들처럼 학부형들도 이 개념을 제대로 인식하지 못할 때가 있다. 그들은 바람직한 방향으로의 행동변화가 생각보다 적게 이루어지면, 그 변화에 대해 대수롭지 않게 여긴다. 그러면 청소년들은 기대할 것이 전혀 없어지게 된다. 상황대응형 리더는 작은 변화에는 작은 포상을 제공하고, 큰 변화에는 더 큰 포상을 제공한다.

포상해야 하나 아니면 징계해야 하나?

만약 리더가 징계를 과도하게 사용하면 진짜 문제가 발생할 수 있다. 이건 리더가 징계를 사용해서는 안 된다는 의미가 아니다. 징계는 조심스럽게 사용되어져야 한다. 징계가 과도하게 사용되면 부하들의 행동이 목표달성을 위한 쪽으로 개발되는 것이 아니라, 책벌을 모면하는 쪽으로 개발된다. 예를 들면, 어린아이가 공을 쫓아서 길거리로 뛰어들 때, 양쪽을 살피지 않았다고 부모한테 '엉덩이를 맞았다' 고 가정해 보자. 다음 번에 공이 길거리로 굴러가면, 그 아이는 여전히 길거리로 뛰어가면서도, 이번에는 먼저 부모님이 눈에 띄는가 살피고, 그 다음에 볼을 잡으러 뛰어들 것이다. 이렇게 종종 징계의 결과로 단지 징계를 피하기 위한 행동이 형성될 수도 있다.

개발을 일찍 시작하라

사람들이 새로운 업무나 경험이 거의 없는 업무나 또는 프로젝트를 담당하게 될 때, 리더가 훈련과 코치에 투자하는 시간은 엄청난 효력을 갖는다. 어쨌거나 어떤 일을 자기들 스스로 처리할 수 있도록 이미 훈련된 사람들에게도 새로 시작하는 일에는 많은 시간과 주의력이 필요하다. 그들은 적절한 행동을 교육받거나 재교육받기 전에, 부적절한 행동을 고칠 시간과 노력이 필요할 것이다.

　리더십의 상황은 끊임없는 문제로 볼 수도 있고, 계속되는 기회와 도전으로 볼 수도 있다. 상황대응형 리더는 도전에 직면하기도 하고, 그것을 승리자로 성장하기 위한 기회로 삼을 수도 있다. 리더가 승리하면, 부하들도 승리하고, 조직도 승리한다.

에필로그

로저스 : 여기서 다룬 전체적인 요점은 제가 무얼 하든지 간에 어떤 사람들은 그것으로 인해 성장하고 또 발전하겠지만, 반대로 어떤 사람들은 그렇지 않을 수도 있다는 겁니다. 그렇게 살펴보건대, 저를 위해서 일해 준 사람들이 모두 성장하거나 공헌할 기회를 가졌느냐의 문제는, 제가 그것을 어떤 입장에서 보느냐에 따른 것으로, 전적으로 저의 책임이라는 겁니다.

부서장 : 이건 진짜 즐거운 일이로군. 자넨 모든 기본들이 탄탄한 것처럼 보이는군.

로저스 : 꼭 그런 건 아니죠.

제7장

업무수행의 문제해결
Solving Performance Problems

"건설적인 훈련은 사람들을 화나게 하거나, 방어적인 상태로 방치하지 않고, 업무수행을 적절한 시기에 고치도록 이끌어줍니다."

이야기

부서장 : 꼭 그런 건 아니라는 말은 무슨 의미인가?

로저스 : 언젠가는 사람들이 생산을 잘하고, 자신들 스스로 독립하고, 그런 식으로 계속 잘 해나간다면 대단하리라 생각합니다.

부서장 : 분명히 자네 일이 훨씬 쉬워지겠구먼! 그렇지 않은가?

로저스 : 물론, 그렇죠. 그러나 저의 관심은 어떤 이유 때문에 혹은 어떤 사람들이 과거에 해오던 방법을 중단하고 선회되는 것입니다.

부서장 : 자네에게 솔직히 말해서, 부하들 수준으로 낮아지는 것은 내가 바라는 바가 아닐세!

로저스 : 저도 마찬가지라는 건 의심의 여지가 없습니다만, 다만 효과적으로 통솔하기 위해서는 부서장님의 스타일을 바꾸셔야 합니다.

부서장 : 물론……. 사람들이 배우는 동안에 자네도 변하는 것처럼, 만약 사람들이 실수하기 시작하면 자네도 변해야겠지.

로저스 : 맞습니다. 단순히 문제들이 사라지기를 기대하면서 막연히 기다릴 수는 없는 것처럼 말입니다. 절대로 그럴 리가 없죠.

부서장 : 어떤 때는 부하들을 징계한다는 것이 상당히 거북하지.

로저스 : 테일러씨는 건설적인 훈련이라는 단어를 즐겨 사용합니다.

부서장 : 무슨 차이가 있나?

로저스 : 건설적인 훈련은 사람들을 화나게 하거나, 방어적인 상태로 방치하지 않고, 업무수행을 적절한 시기에 고치도록 이끌어 줍니다. 업무가 완수되고, 아무도 무시당하는 기분이 없도록 긍정적인 성장기회를 제공해 주는 것이 훈련의 목적인 것입니다.

부서장 : 그렇게 쉬운 건 아니군.

로저스 : 쉽지 않죠. 그렇지만 빨리 이해하고, 특히 무엇이 문제인가 알려준다면, 분명히 도움이 되죠.

부서장 : 나의 고질적인 문제는 이성을 잃는다는 거야.

로저스 : 테일러씨에 의하면, 문제가 있을 때, 사람들의 관심을 끄는

것이 중요합니다만, 소리치거나 고함을 지르는 것은 사람들을 방어적으로 만드는 경향이 있고, 결과적으로는 양쪽 모두 패배하고 만다는 것입니다.

부서장 : 나도 전에 그런 적이 있었어.

로저스 : 저도 마찬가지죠……. 그렇지만, 특별한 업무에 관심을 쏟으면 모든 일에 대해 적절한 입장을 유지할 수 있다는 것을 배웠습니다.

배경

사람들의 업무수행 능력이 떨어지게 되는 이유는 여러 가지가 있을 수 있다. 리더들이 직면하는 가장 힘든 일 중의 하나는 업무수행상 발생하는 문제점 처리이다. 그 이유는 훈육이 주로 부정적인 간섭으로 여겨지기 때문이다. 어쨌거나, 훈육(discipline)의 원어는 "제자화"(disciple)이다. 제자란 배우는 자이다.

불행하게도 우리 문화에서는 훈육이 징계로 해석되고 있다. 건설적 훈육은 문제를 해결하고자 하는 목적을 지니고 있다는 점에서 징계와는 차이가 있다. 건설적 훈육은 긍정적인 성장의 기회를 제공하는 학습과정으로 도안되었다. 상황대응형 리더는 부하들의 준비상태가 뒤처지게 될 때, 건설적 훈육을 활용한다.

업무수행능력의 뒤처짐을 관찰함

준비상태가 뒤처지는 현상은 다양한 이유로 발생한다. 부하들은 상사와의 문제, 동료와의 문제, 탈진으로 인한 고통, 권태, 업무안팎의 문제들을 갖고 있을 수 있다. 이런 점들은 업무수행에 부정적인 영향을 미치는 많은 요인 중 몇 가지에 불과하다. 업무수행상의 문제점들 중 한 예를 들어보자.

주어진 업무에 동기부여가 잘 되어 있었고, 아주 열심이었고, 그 업무에 탁월한 한 엔지니어가 있었다. 그 엔지니어가 밤늦도록 또는 주

말에도 자기 사무실에 있는 걸 발견하는 것은 아주 흔한 일이었다. 그 엔지니어의 상사는 많은 일들을 위임할 수 있었고, 그 덕분에 높은 급료의 "관련업무" 활동을 수행하는 데 많은 시간을 할애할 수 있었다. 그렇지만 그 엔지니어의 가정생활은 엉망이 되어버렸다. 부인은 장시간에 걸친 업무수행과 그 열성을 자신들의 부부관계가 끝나버린 증거라고 생각했다. 결과적으로, 그 부인은 가출해 버렸다. 그 엔지니어는 충격을 받았고, 가정불화는 가장 중요한 고민거리가 되었으며, 업무효율은 떨어지기 시작했다. 그 엔지니어의 근심과 걱정이 커지면서, 업무성과는 떨어졌다. 상사가 전에 사용했던 위임스타일은 더 이상 적당하지 못했다. 리더가 좀더 보살펴주고 또 부하들과 함께 해줌으로써 업무수행상 발생하는 문제들은 해결될 수 있었다.

상황대응형 리더들은 업무수행 능력이 떨어지기 시작할 때, 그들의 지도스타일을 적절히 적용시키는 것이 필요하다는 것을 인식한다. 그들은 업무수행의 문제점들을 무시하지는 않지만, 방해되거나 주위환경이 변화하는 데에서 책임을 져야 한다. 또 위임하는 것이 적절할 때에라도, 그들은 결과를 관찰하여서, 업무수행에 어떤 변화가 발생하면 그때 그때 대응해야 한다.

사람들을 지금 그대로 인정하라

직원들의 업무수행 능력이 떨어질 때, 리더의 스타일이 현재 직원들의 준비상태에 적합한지 살펴보는 것이 필요하다. 부하들은 현재 그들이 수행하는 업무 상태로 대우받아야지 과거에 해 왔던 상태로 대우받아서는 안 된다. 그리고 그들의 잠재능력으로 취급되어서도 안 된다.

적절한 시기

문제해결은 적절한 시기에 다루어져야 한다. 신속히 개입하는 것이 업무수행능력이 떨어지는 것을 빨리 중지시키는 길이다. 리더의 기다림이 길어질수록 더 직접적인 개입이 필요하게 된다. 그러다 보면, 리더는 부하들을 불안한 눈으로 바라보게 되고, 좌절하고, 분노하는 위험부담을 안게 될 것이다. 지시적인 간섭이 적절할 때라도, 이것 때문에 사람들이 리더에게서 떠나든지 아니면 리더를 쫓아내려는 계기가 될 지도 모른다.

예를 들면, 자녀들이 자기 방을 깨끗이 치우기 원하는 어떤 부모가 있다고 가정해 보자. 지난 몇 달 간은 자녀가 자기 방 청소를 잘해 왔지만 최근에, 아이들 방에 들어가 보니 방이 엉망이었다. 부모는 자녀들이 자기 방 청소를 제대로 안 한다고 불평하면서도 그것을 아이들한테는 말하지는 않았다. 그러다가 드디어 어느 날엔가 불평을 터뜨렸다. 방은 돼지우리 같았고, 부모는 자녀가 집에 돌아오기까지 기다릴 수 없어서 불평이 폭발해버리고 말았다. 그 자녀는 집에 돌아와서 그런 부모의 태도를 보고 "몰아세우는" 기분을 느꼈고, 부모에 대한 원망감만 느꼈을 뿐 방청소의 중요성에 대해서는 관심이 없었다.

만약 부모가 일찍 간섭했더라면, 즉 참여형의 스타일이었다면 문제를 해결할 충분한 여유가 있었을 것이다. 그러나 이제는, 고도의 짜임새 있는 리더십이 필요하게 되었고 결국 아이들의 원망만 만들어냈다. 이것이 바로 훈육을 위한 간섭이 이루어질 때, 리더들이 빠지기 쉬운 함정이다. 첫째로 그들은 머리를 모래에 처박고, 모든 문제들이 사라지기를 바라는 타조 같은 "현실도피형" 리더십을 발휘한다. 그러다가 일이 제대로 진행되지 않으면, 그들은 화를 내고 부하들을 "몰아세운다." 이 모든 것은, S4에서 S1에 이르는 일반적인 패턴으로서, "혼자 내버려 둬, 그러다가 몰아세워" 신드롬이다.

간섭하는 시간을 적절하게 맞추고 현재 그들의 업무수행에 따라 그들을 대해줌으로서, 리더들은 새로운 위기 때마다 그냥 반응하는 것이 아니라, 문제해결의 전초적인 접근방법으로 시작할 수 있다.

감정표현의 다양한 단계

건설적인 훈육을 위해 간섭을 할 때 감정표현의 단계는 사람들을 개발하는 것과는 다르다. 사람들을 개발할 때, 당신은 부하들의 현재 능력이 증대되도록 시도해야 한다. 그것은 낮은 단계에서의 개발을 위한 간섭의 감정내용을 유지하는 데 도움이 된다. 사람들은 종종 상황대응형 리더십을 잘못 해석한다. "명령형"은 목소리를 높이고, 고함을 지르고, 감정을 폭발하는 것이라고 생각하는 것이다. 사실 스타일 1(S1)은 어떤 "구체적인" 지침을 통해 일들을 어떻게 처리하는지 필요한 시범을 보임으로써 굉장히 부드럽게 보살펴주는 친근책이다. 지금 개발중인 사람들에게 소리를 지르거나 감정을 올리는 것은 부적절한 것이다. 그렇게 되면, 위험을 감수하거나 장래에 계속해서 배우는 데 그들을 불안하게 만든다

어쨌거나, 부하들이 자신의 현재 능력을 사용하지 않으려 하고, 또 건설적인 훈육이 필요할 때, 적당한 선의 감정표현을 할 수도 있다. 이것은 사람들의 관심을 모으고, 당신이 업무수행의 문제점을 파악하고 있으며, 그 문제들에 신경쓰고 있음을 알리는 데 도움이 된다. 그것은 또한 부적절한 행동을 없애는 데도 도움이 되므로 변화를 일으킬 수 있다.

업무수행에 초점 맞추기

건설적인 훈육을 활용하는 데 고려해야 할 사항은 **"인격을 공격하지 말고, 업무수행에만 초점을 맞추라"**라는 것이다

만약 인격을 건드려서 그 사람이 화를 낸다면, 그 사람이 일을 성공적으로 완수할 수 있는 가능성은 점점 희박해진다. 종종 훈육 같은 간섭을 "내가 바로 한 주 전에 얘기했는데, 아무 것도 기억 못해, 이런 멍청한 놈 같으니라구……"라는 식의 말로 시작하는 사람이 있는데, 이런 것들은 듣는 모든 사람들의 감정을 건드리고, 그 사람들이 업무에만 관심을 쏟지 못하게 한다. 만약 건설적인 훈육의 초점이 인격이 아니라, 업무에만 있다면, 리더와 부하들은 모두 그것에 대해 대화할 수

있고, 또 문제는 쉽게 풀릴 것이다.

구체화하라… 당신의 과제부터 처리하라

업무수행의 문제점을 지적할 때는 구체적으로 하는 것이 중요하다. 건설적인 훈육을 실시할 때, **일반적인 것들만 제시하지 않도록** 조심하라. 업무상의 리더들은 건설적인 훈육의 여러 가지 상황에 대해서 잘 처리한다. 사람들을 현재 그대로 잘 대우하고, 시기를 잘 맞추며, 적절한 감정의 자세를 유지하고, 업무에만 초점을 맞춘다. 그렇지만, 그들은 마치, "자, 네가 지금 처리하는 건 부족해 우리 모두가 알고 있는 너의 능력만큼 일을 처리하지 않고 있다. 이젠 제대로 좀 해 봐"라는 식으로 개입할 때가 있다. 그러다가 리더는 부하들이 리더의 말을 알아듣지 못하면, 당황하거나 화를 내버린다.

이런 일반적인 것들만 제시한다면, 업무를 제대로 이루지 못한다. 문제해결을 위해 간섭하거나 특정한 항목들을 알아내려 하기 전에 당신의 과제들부터 처리하라. 구체적인 정보를 갖고 간섭해야 한다. "생산성이 $14\frac{1}{2}\%$ 감소," "폐기물 손실이 $6\frac{1}{2}\%$ 증가," 혹은 "프로젝트 Z가 5일이나 늦어서, 우리 부서가 다른 3개 부서의 작업완수를 묶어 두고 있다." 이와 같은 것은 특성을 제공해 주기 때문에 리더와 부하들이 해결점을 찾아서 함께 일하도록 묶어 줄 수 있다.

개인적으로 처리하라

　마지막으로 기억해야 할 것은 훈육적인 간섭은 개인적으로 하라는 것이다. 사람들을 칭찬하는 것은 공개적으로 하고, 문제해결은 개인적으로 하는 것은 좋은 생각이다. 만약 주위에 다른 사람들이 있을 때, 부하들의 문제점을 지적한다면 그들에게는 그것이 문제해결이라기보다는 "혼내주는" 것으로 보여지는 위험부담을 안게 될 것이다. 개인적으로 문제점에 대해서 의논하는 것이 요점을 이해하는 데 좀더 쉬울 뿐만 아니라, 또 다른 사람들에게는 문제해결 과정에만 초점을 맞추기만 하는 아주 좋은 효과를 기대할 수 있다.

　건설적인 훈육의 목적은 징계라기보다는 문제해결을 긍정적으로 처리하고, 성장중심의 기회를 제공하는 데 있다. 다음을 처리하는 것은 중요하다:

* 사람들을 현재 그들이 업무수행하는 그대로 대우하라.
* 간섭은 시기적절히 처리하라.
* 적절한 감정표출의 단계를 활용하라.
* 업무수행에 초점을 맞추어야지, 인신공격을 하면 안 된다.
* 구체적으로 간섭하고 우선 당신의 과제를 처리하라.
* 간섭은 개별적으로 하라.

상황대응형 리더들은 훈육적인 간섭을 할 때 이런 사실들을 마음에 새겨서, 훈육이 파괴적인 간섭이 아니고 인간관계 개선을 돕는 것으로 보여지도록 한다.

에필로그

로저스 : 저는 이 새로운 직책을 기대하고 있고, 준비가 되었다고 느끼고 있습니다. 돌이켜보건대, 테일러씨는 지난 6개월의 좋은 시간 동안 저희 부서의 많은 부분에 대해서 책임질 기회를 제게 주었습니다. 저는 제가 직면하게 될 다양한 상황에 저의 스타일을 적응할 수 있음을 알았습니다. 저는 그런 기회들에 대해서 들떠 있었고, 결국, 저는 굉장히 좋은 역할의 모델을 가졌다고 봅니다.

부서장 : 지금까지 가치 있는 토론이었고, 자네와 함께 일하게 된 것에 기대가 되네. 오늘 아침 나의 의도는 자네 부서의 목적과 목표를 제공하는 것이었는데, 우리의 대화를 통해서 많은 것을 배웠다네. 이제 "나의 스타일"을 변형시키게나. 자네는 다음 분기에 적절한 목표가 무엇이라고 생각하는가?

결론

누가 상황대응형 리더인가?

- 대형 보험회사의 판매 책임자
- 석탄회사의 야간부서 반장
- 고도의 첨단회사의 경영진의 간부사원
- 초등학교의 선생님
- 정유회사의 공장 경영인
- 여러 자녀를 둔 부모들

누구라도 또 어느 분야에서라도 영향력 있는 행동이 하나의 사건이 아니라 하나의 과정이라는 것을 인식하는 사람은 상황대응형 리더가 될 수 있다. 그 과정은 부하들의 업무수행에 대한 평가를 수반한다. 또한, 그 업무수행은 리더가 원하는 목표에 적절한 지침과 지원을 제공해 주는 관계에서 이루어진다. 상황대응형 리더는 **사람**을 고려하고, **결과**를 고려하고, 어떤 의미에서는 모든 부서가 승리자가 되도록 **행동**한다.

인공두뇌학은 어떤 조직에서도, 다양한 모든 것은 동일하다는 것, 즉 필수적인 다양성의 원리가 유출된다는 사실을 발견하였다. 그것은 적절한 반응의 폭이 가장 넓은 사람이 그 조직을 통제할 것이라는 것이다. 필수적인 다양성을 이루기 위해서는 상황대응형 리더로서 두 가지 점이 필요하다. 당신이 영향력을 행사하고자 하는 사람들의 준비상태에 대한 파악과 그들 스스로를 도울 수 있도록 협력하는 당신의 행동에 적응하는 능력이다.

당신은 상황대응형 리더가 될 수 있다.
그건 당신의 선택이다.

뒷이야기

부서장 : 곧 회의가 있기 때문에 이제 일어서야겠는데, 오후 늦게 다시 만나면 어떻겠나? 난 오늘 대화에서 많은 것을 얻었네.

로저스 : 저도 좋습니다. 그렇지만 오늘보다는 내일 만나는 게 어떨까요? 아내와 함께 테일러씨 부부와 저녁식사를 같이 하기로 했거든요. 그리고 그분의 첫날이 어땠는지 궁금합니다.

부서장 : 로저스, 그래도 괜찮네. 지금 꼭 해야할 필요는 없거든……. 난 자네에게 확신이 있고, 이 부서는 잘 운영될 것으로 믿네.

상황대응형 리더십을 활용함에 있어서, 다른 사람에게 영향력을 행사하는 데는 "유일의 최선책" 은 없다고 이해하는 것이 도움이 될 것이다. 대신에 어떤 리더십 스타일도 당신이 영향력을 행사하고자 하는 사람의 준비상태에 따라서 그 결과는 달라질 것이다.

다음의 모델은 신속하게 점검해 볼 수 있는 참고자료이다.
1) 준비상태의 분석
2) 가장 높은 가능성의 리더십 스타일 선택
3) 효과적인 영향력 발휘를 위한 대화 스타일

리더십의 두 가지 행동형
업무추진형
- 리더가 역할을 지정하고, 무엇을, 어떻게, 어디서 업무를 수행할 것인가를 말해 준다.
- 두 사람 이상이면 누가 어떤 일을 할지 역할을 분명히 해준다.
  · 목표설정하기
  · 조직하기
  · 시간 설정하기 (기간설정)
  · 지시하기
  · 감독하기

인간관계형
- 리더는 일방적이 아닌 쌍방(혹은 다양한)의 대화를 통해서, 또 의견수렴, 분위기조성, 직장의 정서를 개발하여 리더십을 발휘한다.
  · 지원마련
  · 대화
  · 상호작용의 분위기 조성
  · 능동적인 의견수렴
  · 평가분위기 조성

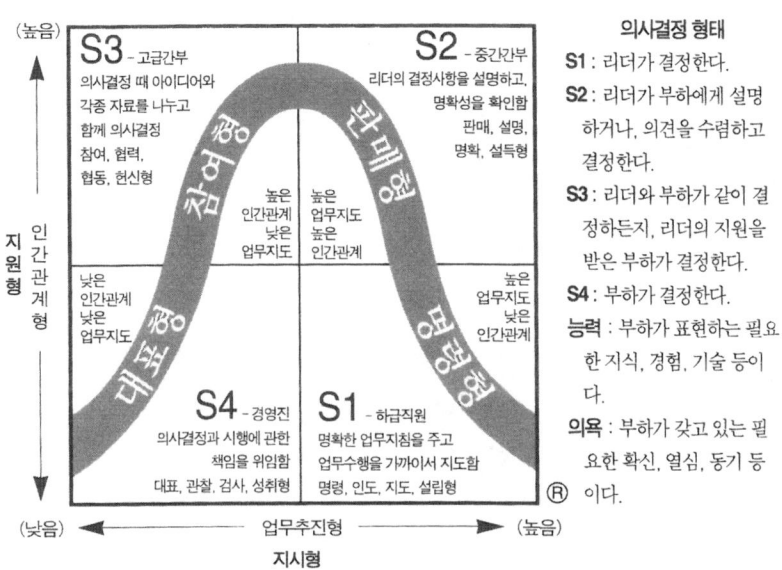

리더의 행동

의사결정 형태
- **S1**: 리더가 결정한다.
- **S2**: 리더가 부하에게 설명하거나, 의견을 수렴하고 결정한다.
- **S3**: 리더와 부하가 같이 결정하든지, 리더의 지원을 받은 부하가 결정한다.
- **S4**: 부하가 결정한다.
- **능력**: 부하가 표현하는 필요한 지식, 경험, 기술 등이다.
- **의욕**: 부하가 갖고 있는 필요한 확신, 열심, 동기 등이다.

부하의 준비상태

높음	적당함		낮음
R4 준비상태 4	R3 준비상태 3	R2 준비상태 2	R1 준비상태 1
능력 있음	능력 있음	능력 없음	능력 없음
의사 있음	의사 없음	의사 있음	의사 없음
자신감 있음	자신감 없음	자신감 있음	자신감 없음

■ 리더십 스타일 검사 및 분석 자료인 *LEAD* 는 당신의 리더십 스타일의 장점과 좀더 개발해야 하는 부분에 대한 다양한 정보와 구체적인 적용 방법을 제시한다.

■ 감사의 글

잘된 작품은 일반적으로 여러 사람들이 노력한 결실이다. 마찬가지로 나도 다음 분들께 감사를 드린다.

켄 블랜차드, 상황대응형 모델에 대한 개발을 위해서 수고한 공헌과 그의 계속적인 용기와 우정에 대해서 특별히 감사한다.

본서에 소개한 이야기 속에 설명된 상황대응형의 두 명의 리더는 특별한 의미가 있다. 그분들은 이 분야에서는 거물인, 프레드릭 테일러 씨로서 과학적 경영(업무추진스타일)의 대부이며 그리고 칼 로저스는 인간의 상호관계(인간관계스타일)에 대한 새로운 지평을 열었다.

■ 저자 소개

폴 허시(Paul Hersey) 박사는 교육가로서, 훈련자로서, 강사로서, 또 각종 대회의 리더로서 국제적으로 알려진 인물이다. 허시 박사는 1000개도 넘는 각종 경영단체와 기업을 위해서 백만 명도 넘는 매니저들과 부장들을 훈련하는 데 협력해 오고 있다. 1960년도 중반에, 허시 박사는 리더십 연구센터(Center for Leadership Studies)를 캘리포니아의 에스콘디도에 설립했다. 이 연구소에서 상황대응형 리더십 모델을 개발해냈다. 각 기관과 단체의 리더십에 대한 이런 접근방법은 미국과 세계 각국에서 광범위하게 수용되고 있다. 리더십 연구센터는 전문가들을 배출해내고 또 리더십, 관리, 교육, 판매훈련, 프로그램개발, 연구 등의 분야를 위해서 자문하고 있다.

상황대응형 리더십이나 상황대응형 판매 훈련 프로그램 정보에 대해서 문의할 사항은 다음 주소로 연락하기를 바란다.

서울시 서초구 양재동
55번지 횃불선교센터 내
도서출판 횃불
Tel. 02-570-7233~4
Fax. 02-570-5739

Center for Leadership Studies
230 West Third Avenue
Escondido, CA 92025
1-760-741-6596
www.situational.com

■ 역자의 글

폴 허시(Paul Hersey) 박사의 "상황대응형 리더"(The Situation Leader)를 한국에서 번역 출판하게 되어 역자로서 기쁘게 여긴다.

역자가 폴 허시(Paul Hersey) 박사의 책을 접한 것은 시카고에서 공부하던 시절이었다. 지도교수께서 교과서로 사용했기 때문이었다. 미국에 있을 때는 당연히 누군가가 한국에서 번역했으리라 여겨졌는데, 한국에 나와 보니 아직 번역이 되어 있지 않은 것을 보고 의아했다. 역자는 각종 목회자나 교사, 또 평신도 등의 리더 세미나를 인도하면서 책이 번역되지 않아서 역자가 나름대로 간단한 내용으로 요약하여 사용한 적이 많았다.

이미 리더십이나 경영, 관리에 관한 책을 접한 독자들은 폴 허시(Paul Hersey) 박사와 블랜차드(Kenneth Blanchard) 박사 등의 이름을 익히 들은 바가 있을 것이다. 한국에는 케니스 블랜차드(Kenneth Blanchard)의 "1분 시리즈"가 번역되어 있어서 폴 허시(Paul Hersey) 박사의 책도 번역되었으리라 여겨졌는데, 늦었지만 그의 책이 번역되어 기쁘게 생각한다.

이렇게 필자와 직접 대화를 거쳐 번역을 완성하여 책으로 한국에 소개한다는 것을 역자로서는 매우 기쁘게 생각한다. 이 책은 가장 간단하게 현장의 경영자들, 리더들, 교사들, 학부형들까지도 활용할 수 있는 책이다. 이론적이라기보다는 실무적이기 때문이다.

개인적으로 각종 리더들이 이 책을 통해서 구체적인 도움을 얻기를 바라고, 아울러 각 기관이나 단체에서 능력 있는 리더로 활동하기를 기대한다.

폴 허시(Paul Hersey) 박사는 현재 캘리포니아 샌디에고 근교에서 "리더십 연구센터"(Center For Leadership Studies)를 운영하고 있다.

이 책과 병행해서 사용해야 할 자료로 리더십분석 지침서인 *LEAD*가 들어있다. 이 지침서는 자신의 리더십 스타일이 무엇인지 이해하고 다른 사람에게 건설적인 영향력을 끼치고자 하는 사람에게 도움이 될 것이다.

상황대응형 리더십에 관한 내용을 좀더 깊이 연구하고 싶은 분은 현재 리더십 연구센터의 인터넷(www.situational.com)을 통해서 각종 자료와 세미나에 관해서 알 수 있다. 현재 책임자는 로널드 캠벨(Ronald Campbel)이다.

마지막으로 한글을 매끄럽게 다듬어 준 이종화 목사와 희년커뮤니케이션 직원들에게 감사를 전하고 싶다.

이영운

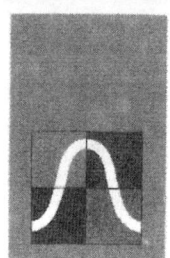

LEAD 리더십
SELF (자가진단용)

리더십 스타일 / 자기 자신에 대한 이해
Leadership Style / Perception of Self
리더십 연구센터 개발

목적

이 질문지는 당신이 다른 사람들에게 영향력을 행사할 때 취하는 리더십 스타일을 평가하기 위한 것입니다.

LEAD Self(자가진단용)로 정리된 정보를 통해 현재 당신이 가진 리더십의 장점과 개발이 필요한 분야가 무엇인지 파악할 수 있습니다. 이 질문지는 당신이 어떤 지도행동을 사용하는가에 대한 정보와 다른 사람들의 필요에 어울리는 행동이 어떤 것인가를 알려줍니다.

지침서 – 질문지 사용법

- 당신이 다음 페이지에 나타난 12가지 상황에 처했다고 가정해 보십시오. 상황이 묘사된 칸 오른쪽에는 당신이 택할 수 있는 행동이 4가지 항목으로 제시되어 있습니다.
- 각 항목을 주의깊게 읽으십시오.
- 제시된 각 항목을 보고 당신이라면 어떤 행동을 취할지 생각하십시오.
- 제시된 상황에서 당신이 취하려는 행동을 가장 잘 설명한다고 생각하는 항목에 O표하십시오.
- 한 개의 항목에만 O표하십시오.
- 제시된 12개의 문제 중 한 문제도 빠뜨리지 말고 답해야 합니다.
- 문제를 신속하게 읽고 넘어가되, 처음에 머릿속에 떠오른 답을 선택하십시오. 일반적으로 처음에 선택한 답이 가장 정확하게 표현되기 때문입니다.

  주의할 점 : O표해야 할 행동은 당신이 할 것이라고 예상되는 행동이지, 당신이 이상적으로 생각하는 행동이 아닙니다. 이 질문지의 목적은 당신이 실제로 하고 있는 행동이 무엇인지 파악하고자 하는 것이지, 정답을 구하려는 것이 아닙니다. 제시된 상황에서 당신이 취하고자 하는 행동이 없다면, 당신이 취하려는 행동과 가장 가까운 행동에 O표하십시오.

Leadership Effective & Adaptability Description
리더십의 영향력과 적응성 해설집

1. 상황
부하직원들은 최근에 당신이 보여주는 친밀감 있는 대화나 자신들의 복지에 대한 깊은 관심에 반응을 보이지 않는다. 그들의 업무성과는 급속히 떨어지고 있다.

선택
A 정해진 순서를 따를 것과 업무 달성의 필요성을 강조한다.
B 당신이 토론할 분위기를 조성해 주지만, 직접 참여해서 강요하지는 않는다.
C 부하직원들과 대화를 나누고 목표를 설정한다.
D 의도적으로 개입하지 않는다.

2. 상황
당신이 지도하는 그룹의 가시적인 업무성과는 상승되고 있다. 당신은 모든 직원들이 자신의 책임과 자신에게 주어진 업무의 기준을 알고 있다고 확신하고 있다.

선택
A 우호적인 상호활동을 보장하지만, 모든 직원들이 자신의 책임과 주어진 업무의 기준을 알고 있도록 확실하게 유지한다.
B 어떤 구체적인 행동도 취하지 않는다.
C 직원들 스스로 자신들의 중요성과 자신들이 동참하고 있음을 느끼게 해준다.
D 마감시간과 업무의 중요성을 강조한다.

3. 상황
당신의 부하직원들이 문제를 해결할 수 없게 되었다. 일반적이라면 그대로 놔둔다. 이제까지의 업무추진과 직원들 사이의 인간관계는 좋았었다.

선택
A 문제를 같이 해결하도록 그룹과 함께 일한다.
B 그룹이 문제를 해결하도록 놔둔다.
C 신속하게 고쳐 주고 또 방향을 재설정하도록 신속하게 행동한다.
D 그룹이 문제를 해결하도록 격려해 주고 또 그들의 노력을 지원해 준다.

4. 상황
변화를 고려하고 있다. 부하직원들은 이제껏 업무성취에서 좋은 기록을 보여주고 있다. 그들 역시 변화가 필요하다고 느낄 것이다.

선택
A 변화를 추진할 때 그룹 전체가 참여하도록 허용하지만, 너무 지시적으로 하지는 않는다.
B 변화를 알려주고 철저하게 감독한다.
C 그룹에게 스스로 방향을 설정하도록 허용한다.
D 그룹의 의견을 수렴하지만, 당신이 변화의 방향을 지시한다.

5. 상황
당신의 그룹은 지난 몇 달 동안 생산성이 떨어지고 있다. 직원들은 목표달성에 대해서 관심이 없다. 과거에는 역할과 책임을 재조정하면 도움이 되었었다. 업무를 제 시간에 마쳐야 한다는 사실을 그들에게 계속해서 주지시킬 필요가 있다.

선택
A 그룹 내부에서 방향을 설정하도록 허용한다.
B 그룹의 의견을 수렴하되, 목표가 달성되는가를 파악한다.
C 역할과 책임을 재조정하고 조심스럽게 감독한다.
D 역할과 책임을 재조정하는 데 그룹의 의견을 허용하되, 너무 지시적으로 하지는 않는다.

6. 상황
당신은 조직이 효과적으로 운영되도록 참여하고 있다. 전임자는 상황을 엄격하게 통제했다. 그렇지만 당신은 생산적인 분위기를 유지하면서도 부드러운 분위기로 시작하기를 원한다.

선택
A 직원들 스스로 자신들의 중요성과 자신들이 동참하고 있음을 느끼도록 만든다.
B 업무마감시간과 업무달성의 중요성을 강조한다.
C 의도적으로 개입하지 않는다.
D 그룹이 의사결정에 참여토록 허용하지만, 목표가 달성되는지 파악한다.

7. 상황

당신은 그룹의 새로운 구조 개편을 고려중이다. 직원들은 변화의 필요성을 제안해 왔고, 생산적이면서도 작업에서 융통성을 보여 왔다.

선택

A 변화를 명백히 하고, 주의깊게 감독한다.
B 변화를 추진하는 데 그룹과 함께하지만, 직원들이 업무를 조직 하도록 한다.
C 제안한 대로 변화를 허용하지만, 실행에 대해서는 계속해서 통제한다.
D 갈등을 피하고, 일이 진행되도록 내버려둔다.

8. 상황

당신 그룹의 업무성취와 직원들간의 인간관계는 좋다. 그렇지만 당신은 그룹의 방향제시에 부족함을 느껴 어쩐지 불안하다.

선택

A 그룹을 그대로 놔둔다.
B 그룹과 상황을 의논하고 필요한 변화를 주도한다.
C 부하직원들이 명확한 방식을 갖고 일할 수 있도록 지도한다.
D 그룹이 상황을 의논할 때 지원해주지만, 주도하지는 않는다.

9. 상황

당신은 변화의 필요성이 강하게 요구되는 그룹의 감독자로 임명 되었다. 그룹은 목표가 불분명하고, 각종 모임에 대한 참여도는 낮다. 모임은 사교모임으로 전락되었다. 기본적으로 이 그룹은 남을 돕는 데 필요한 적성을 가지고 있다.

선택

A 그룹으로 하여금 문제를 해결하도록 한다.
B 그룹의 의견을 수렴하지만, 새로운 목표가 어떻게 이루어지는지 파악한다.
C 기준을 재조정하고 주의깊게 감독한다.
D 그룹이 목표설정을 하도록 허용하지만, 강요하지는 않는다.

10. 상황

책임을 감당할 능력이 있는 부하직원들이, 최근에 당신이 재조정한 기준에 미달하고 있다.

선택

A 그룹이 기준을 재조정하도록 허용하지만 통제하지는 않는다.
B 기준을 재조정하고 주의깊게 감독한다.
C 압력을 가하지 않음으로서 갈등을 피하고, 상황을 그대로 관찰한다.
D 그룹의 의견을 수렴하지만, 새로운 기준이 어떻게 이루어지는지 파악한다.

11. 상황

당신은 새로운 그룹의 감독자로 승진되었다. 당신이 맡은 그룹의 전 매니저는 그룹 문제에 대해서 관여하지 않았다. 그룹 내의 업무와 진행은 원활했고 인화단결은 좋았다.

선택

A 부하직원들이 명확한 방식을 갖고 일할 수 있도록 지도한다.
B 부하직원들을 의사결정 과정에 참여시키고, 성실히 충성할 것을 강요한다.
C 과거의 업무수행에 대해서 그룹과 의논하고, 실행을 위해서 새롭게 필요한 사항을 검토한다.
D 그룹의 자율권을 인정한다.

12. 상황

최근 보고에 의하면 부하직원들간에 내적인 어려움이 발생했다. 그룹은 업무성취에서 탁월한 기록을 갖고 있다. 직원들은 장기적인 목표를 효과적으로 수행해 왔다. 모든 직원은 업무수행에 탁월한 자질을 갖추고 있다.

선택

A 부하직원들에게 당신의 해결책을 시도하도록 하고, 새로운 실천을 위한 필요사항이 무엇인지 파악한다.
B 그룹이 자기들 방식대로 수행하도록 허용한다.
C 교정과 새로운 방향제시를 위해서 신속하고 단호하게 대응한다.
D 부하직원들을 격려하면서 문제에 대한 토론에 참여한다.

문의 및 주문 연락처
          Center for Leadership Studies
          230 Third Ave. Escondido, CA. 92025
          전화 1-760-741-6595, 팩스 1-760-747-9384
          www.situational.com

한국:선교횃불
서울 송파구 삼전동 103번지
전화 02-2203-2739, 팩스 2203-2738

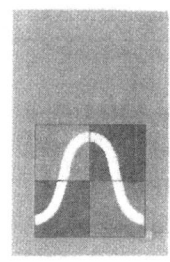

LEAD 리더십

OTHER(타인진단용)

리더십 스타일 / 타인에 대한 이해
Leadership Style / Perception of Other
리더십 연구센터 개발

목적

이 질문지는 오른쪽 빈칸에 이름을 적어 놓은 사람의 지도 행동에 관한 평가자료로 사용하기 위한 것입니다.

당신은 **LEAD** Other(타인진단용)라고 정리된 이 정보를 통해 어떤 사람이 영향력을 행사할 때 하는 행동을 이해하는 데 도움을 받을 수 있습니다. 이 질문지는 그들이 어떤 지도 행동을 사용하는가에 대한 정보와 다른 사람들의 필요에 어울리는 행동이 어떤 것인가에 대한 정보를 제공합니다.

지침서 – 질문지 사용법

- _____ 씨가 다음 페이지에 나타난 12가지 상황에 처했다고 가정해 보십시오. 상황이 묘사되어 있는 칸 오른쪽에는 그 사람이 택할 수 있는 행동이 4가지 항목으로 제시되어 있습니다.
- 각 항목을 주의깊게 읽으십시오.
- 제시된 각 항목의 상황에서 그 사람이 어떤 행동을 취할지 생각하십시오.
- 제시된 상황에서 그 사람이 취하려는 행동을 가장 잘 설명한다고 생각하는 항목에 O표하십시오.
- 한 개의 항목에만 O표하십시오.
- 제시된 12개의 문제 중 한 문제도 빠뜨리지 말고 답해야 합니다.
- 문제를 신속하게 읽고 넘어가되, 처음에 머릿속에 떠오른 답을 선택하십시오. 일반적으로 처음에 결정한 답이 가장 정확하게 표현되기 때문입니다.

주의할 점 : O표해야 할 행동은 그 사람이 할 것이라고 예상되는 행동이지, 그 사람이 이상적으로 해야 할 행동이 아닙니다. 이 질문지는 그 사람이 실제로 하고 있는 행동이 무엇인지 파악하고자 하는 것이 목적이지, 정답을 구하려는 것이 아닙니다. 제시된 상황에서 그 사람이 취할 것 같은 행동이 없다면, 그 사람이 취할 것 같은 행동과 가장 가까운 것에 O표하십시오.

당신은 다음 중 어떤 사람들의 리더입니까?
□ 매니저(상사)   □ 협력자(동료)   □ 팀 멤버(부하직원)
이 설문지에 대답을 다 쓰신 후에   에게 제출하십시오.

Leadership **E**ffective & **A**daptability **D**escription
리더십의 영향력과 적응성 해설집

한국 내 저작권은 2000년 도서출판 선교횃불로 등록되었음

부록 135

1. 상황
부하직원들은 최근에 리더가 보여주는 친밀한 대화나 자신들의 복지에 대한 깊은 관심에 반응을 보이지 않는다. 그들의 업무성과는 급속히 떨어지고 있다.

선택
A 정해진 순서를 따를 것과 업무달성의 필요성을 강조한다.
B 토론할 분위기를 조성해 주지만 참여해서 강요하지는 않는다.
C 부하직원들과 대화를 나누고 목표를 설정한다.
D 의도적으로 개입하지 않는다.

2. 상황
이 리더가 지도하는 그룹의 가시적인 업무성과는 상승되고 있다. 리더는 모든 직원들이 자신의 책임과 자신에게 주어진 업무의 기준을 알고 있다고 확신하고 있다.

선택
A 우호적인 상호활동을 보장하지만, 모든 직원들이 자신의 책임과 주어진 업무의 기준을 알고 있도록 확실하게 유지한다.
B 어떤 구체적인 행동도 취하지 않는다.
C 직원들 스스로 자신들의 중요성과 자신들이 동참하고 있음을 느끼게 해준다.
D 마감시간과 업무의 중요성을 강조한다.

3. 상황
이 리더의 부하직원들이 문제를 해결할 수 없게 되었다. 일반적이라면 그대로 둔다. 이제까지의 업무추진과 직원들 사이의 인간관계는 좋았었다.

선택
A 문제를 같이 해결하도록 그룹과 함께 일한다.
B 그룹이 문제를 해결하도록 놔둔다.
C 신속하게 고쳐 주고 또 방향을 재설정하도록 신속하게 행동한다.
D 그룹이 문제를 해결하도록 격려해주고 또 그들의 노력을 지원해 준다.

4. 상황
변화를 고려하고 있다. 부하직원들은 이제껏 업무성취에서 좋은 기록을 보여주고 있다. 그들 역시 변화가 필요하다고 느낄 것이다.

선택
A 변화를 추진할 때 그룹 전체가 참여하도록 허용하지만, 너무 지시적으로 하지는 않는다.
B 변화를 알려주고 철저하게 감독한다.
C 그룹에게 스스로 방향을 설정하도록 허용한다.
D 그룹의 의견을 수렴하지만, 리더가 변화의 방향을 지시한다.

5. 상황
이 리더의 그룹은 지난 몇 달 동안 생산성이 떨어지고 있다. 직원들은 목표달성에 대해서 관심이 없다. 과거에는 역할과 책임을 재조정하면 도움이 되었었다. 업무를 제 시간에 마쳐야한다는 사실을 그들에게 주지시킬 필요가 있었다.

선택
A 그룹 내부에서 방향을 설정하도록 허용한다.
B 그룹의 의견을 수렴하되, 목표가 달성되는가를 파악한다.
C 역할과 책임을 재조정하고 조심스럽게 감독한다.
D 역할과 책임을 재조정하는 데 그룹의 의견을 허용하되, 너무 지시적으로 하지 않는다.

6. 상황
이 리더는 조직이 효과적으로 운영되도록 참여하고 있다. 전임자는 상황을 엄격하게 통제했다. 그러나 이 리더는 생산적인 분위기는 유지되 부드러운 분위기로 시작하기를 원한다.

선택
A 직원들 스스로 자신들의 중요성과 자신들이 동참하고 있음을 느끼도록 만든다.
B 업무마감시간과 업무달성의 중요성을 강조한다.
C 의도적으로 개입하지 않는다.
D 그룹이 의사결정에 참여토록 허용하지만, 목표가 달성되는지 파악한다.

7. 상황
이 리더는 그룹의 구조개편을 고려 중이다. 직원들은 이제까지 변화의 필요성을 제안해왔었고, 생산적이면서도 작업에서 융통성을 보여왔다

선택
A 변화를 명백히 하고, 주의깊게 감독한다.
B 변화를 추진하는 데 그룹과 함께하지만, 직원들이 업무를 조직 하도록 한다.
C 제안한 대로 변화를 허용하지만, 실행에 대해서는 계속해서 통제한다.
D 갈등을 피하고, 일이 진행되도록 내버려둔다.

8. 상황
그룹의 업무성취와 직원들간의 인간관계는 좋다. 그렇지만 이 리더는 그룹의 방향제시에 부족함을 느껴 어쩐지 불안하다.

선택
A 그룹을 그대로 놔둔다.
B 그룹과 상황을 의논하고 필요한 변화를 주도한다.
C 부하직원들이 명확한 방식을 갖고 일할 수 있도록 지도한다.
D 그룹이 상황을 의논할 때 지원해주지만, 주도하지는 않는다.

9. 상황
이 리더는 변화가 강하게 요구되는 그룹의 감독자로 임명되었다. 이 그룹은 목표가 불분명하고, 각종 모임에 대한 참여도는 낮다. 모임은 사교모임으로 전락되었다. 기본적으로 이 그룹은 남을 돕는 데 필요한 적성을 가지고 있다.

선택
A 그룹으로 하여금 문제를 해결하도록 한다.
B 그룹의 의견을 수렴하지만, 새로운 목표가 어떻게 이루어지는지 파악한다.
C 기준을 재조정하고 주의깊게 감독한다.
D 그룹이 목표설정을 하도록 허용하지만, 강요하지는 않는다.

10. 상황
책임을 감당할 능력이 있는 부하직원들이, 최근에 이 리더가 재조정한 기준에 미달하고 있다.

선택
A 그룹이 기준을 재조정하도록 허용하지만 통제하지는 않는다.
B 기준을 재조정하고 주의깊게 감독한다.
C 압력을 가하지 않음으로서 갈등을 피하고, 상황을 그대로 관찰한다.
D 그룹의 의견을 수렴하지만, 새로운 기준이 어떻게 이루어지는지 파악한다.

11. 상황
이 리더는 새로운 그룹의 감독자로 승진되었다. 이 리더가 맡은 그룹의 전 매니저는 그룹 문제에 대해서 관여하지 않았다. 그룹 내의 업무 진행은 원활했고 인화단결은 좋았다.

선택
A 부하직원들이 명확한 방식을 갖고 일할 수 있도록 지도한다.
B 부하직원들을 의사결정 과정에 참여시키고, 성실히 충성할 것을 강요한다.
C 과거의 업무수행에 대해서 그룹과 의논하고, 실행을 위해서 새롭게 필요한 사항을 검토한다.
D 그룹의 자율권을 인정한다.

12. 상황
최근 보고에 의하면 부하직원들간에 내적인 어려움이 발생했다. 그룹은 업무성취에서 탁월한 기록을 갖고있다. 직원들은 장기적인 목표를 효과적으로 수행해 왔다. 모든직원은 업무수행에 탁월한 자질을 갖추고 있다.

선택
A 부하직원들에게 당신의 해결책을 시도하도록 하고, 새로운 실천을 위한 필요사항이 무엇인지 파악한다.
B 그룹이 자기들 방식대로 수행하도록 허용한다.
C 교정과 새로운 방향제시를 위해서 신속하고 단호하게 대응한다.
D 부하직원들을 격려하면서 문제에 대한 토론에 참여한다.

문의 및 주문 연락처
Center for Leadership Studies
230 Third Ave, Escondido, CA. 92025
전화 1-760-741-6595, 팩스 1-760-747-9384
www.situational.com

한국:선교햇불
서울 송파구 삼전동 103번지
전화 02-2203-2739, 팩스 2203-2738

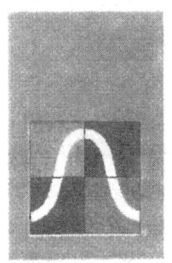

LEAD 리더십
DIRECTIONS(지침서)

자기 분석 및 채점 지침서
Direction for Self-Scoring and Analysis
리더십 연구센터 개발

분석자 이름 _____

목적

이 지침서는 당신의 리더십이 어떤 스타일인가에 대한 자료를 제공하고, LEAD Self(자가진단용)와 LEAD Other(타인진단용)의 설문에 대한 반응을 일람표로 만들기 위한 목적으로 제작된 것입니다.

이 지침서를 Lead Self(자가진단용)와 함께 사용하면 자료의 분석 정보는 당신의 리더십 스타일이 어떠한지를 이해하는 데 도움을 줄 것입니다.

또, 이 지침서로 LEAD Other(타인진단용) 를 점검한다면, 당신의 리더십 스타일이 다른이들에게 어떻게 이해되는가를 아는 데 중요한 정보를 제공할 것입니다.

점수를 산출하고 나면, 이 지침서로 당신이 어떤 형태의 리더십 스타일을 사용하는지 알 수 있습니다. 그리고 다른 사람들에게 영향력을 발휘하기 위해서는, 당신이 업무추진행동과 인간관계 행동 중에서 어떤 형태를 사용해야, 필요적절할지, 그 범위를 결정할 수 있게 됩니다.

이 지침서는 상황에 따른 사람들의 필요를 파악하고, 그 필요를 충족시키기 위해서 당신이 취해야 할 리더십 행동이 무엇인지에 대한 완벽한 참고 자료를 제공합니다. 그리고 당신이 현재 사용하고 있는 리더십의 장점과 또 어떤 부분을 특별히 좀더 개발해야 할 것인가에 대한 다양한 정보를 제공합니다.

이 지침서는 두 가지의 중요한 분석분야로 구분됩니다.
◆ 당신의 리더십 스타일 프로파일은 무엇인가?
  – 기초적인 스타일
  – 부수적인 스타일
  – 스타일의 범위
◆ 당신의 리더십 스타일의 적응성

Leadership Effective & Adaptability Description
리더십의 영향력과 적응성 해설집

한국 내 저작권은 2000년 도서출판 선교햇불로 등록되었음

리더십 스타일

리더십 프로파일을 만들기 위해서는, **LEAD** Self(자가진단용)와 **LEAD** Other(타인진단용) 평가표를 작성해야 합니다. 작성된 **LEAD** Self(자가진단용) 혹은 **LEAD** Other(타인진단용) 평가표를 가지고 아래에 있는 도표 1 의 12개의 상황에서 자신이 선택했던 번호에 O표를 하십시오. 그 다음에는, 당신이 O표한 개수를 수직 칸을 따라 아래로 세어서 합계란에 적으십시오.

스타일 적응성

당신의 리더십 스타일의 적응성이 어떠한지 알아보기 위해서 도표 I 에서 각각의 상황에서 취했던 행동과 일치하는 도표 II 의 해당칸에 O표를 하십시오. 예를 들면 상황1에서 취한 행동이 C였다면, C칸에 있는 숫자 2에 O표를 하십시오. 그 다음에는 수직 칸을 따라 내려가면서 모든점수를 합해서 "합계" 라는 칸에 적으십시오. 마지막으로, "리더십 스타일의 적응성"을 측정하기 위해서 A,B,C,D칸의 모든 점수를 합해서 밑에 있는 □칸에 적으십시오.

도표 1
· 스타일의 범위 ·
스타일 선택

상황	1	2	3	4	
상황1	A	C	B	D	R1
상황2	D	A	C	B	R2
상황3	C	A	D	B	R3
상황4	B	D	A	C	R4
상황5	C	B	D	A	R1
상황6	B	D	A	C	R2
상황7	A	C	B	D	R3
상황8	C	B	D	A	R4
상황9	C	B	D	A	R1
상황10	B	D	A	C	R2
상황11	A	C	B	D	R3
상황12	C	A	D	B	R4
합계	S1	S2	S3	S4	

도표 2
· 스타일의 범위 ·
스타일 선택

상황	A	B	C	D
상황1	3	1	2	0
상황2	3	0	2	1
상황3	2	1	0	3
상황4	2	0	3	1
상황5	0	2	3	1
상황6	1	2	0	3
상황7	0	3	1	2
상황8	3	1	0	2
상황9	0	2	3	1
상황10	2	0	1	3
상황11	0	3	1	2
상황12	1	3	0	2
합계		+	+	+	=

리더십 스타일의 적응성 점수
Style Adaptability Score

스타일 프로파일

도표 1의 세로줄 1에서 4 항목을 참고하십시오. 도표 1의 맨 아래 합계 칸에 기록했던 점수를 다음 도표 3에 나타난 점수 칸에 적는데, 칸 1에 나타난 점수는 S1에, 칸 2에 나타난 점수는 S2에 적는방법으로 끝까지 적으십시오.

도표 3
스타일 프로파일

(높음)
HR / LT HT / HR
참여형 설명형
S3 S2
인간관계형
지원형
대표형 위임형
S4 □ LR / LT   HT / LR □ S1
(낮음) ◄──── 업무추진형 ────► (높음)
지시형

능력있음	능력없음	능력없음	능력없음
의사있음	의사없음	의사있음	의사없음
확신있음	확신없음	확신있음	확신없음
R4	**R3**	**R2**	**R1**

부하직원의 준비상태

이제는 지금 채점한 점수의 결과를 해석할 수 있게 되었습니다. 여기에서는, 굉장히 중요한 세 가지 정보가 하나로 통합되어 당신의 리더십 스타일 프로파일을 만들게 됩니다.

기본 스타일

기본 스타일은 당신이 가장 자주 사용하는 스타일입니다. 위의 4가지 형태 중에서 가장 높은 점수를 얻은 형태가 당신의 기본 스타일입니다.

보조 스타일

보조 스타일은 4가지 형태 중에서 두 번째로 많은 점수를 얻은 것입니다. 주로 기본스타일을 사용하지 않을때, "대체용"으로 사용하게 됩니다.

스타일 범위

스타일 범위는 도표 3의 네모 칸에 들어가는 숫자들을 말하며, 대개 두 칸 이상에서 반응이 나타나서 숫자를 기입하게 됩니다.

스타일 범위는 당신이 다른 사람들에게 영향력을 행사할 때, 각 사람의 다양한 행동에 대해서 어떻게 융통성 있게 대처하는지에 대한 판단력을 제공합니다.

네 칸에 셋 이상의 반응이 나타나면 상당히 융통성 있는 행동을 취할 수 있는 사람이라는 의미입니다. 또 두 칸에서 반응이 나타나면 적당한 수준의 융통성을 가지고 있다는 의미입니다. 반응이 한 칸에서만 나타난다면 통계적으로 의미 있는 것은 아니기 때문에, 그런 스타일의 사람은 융통성이 있다고 생각하기 어렵습니다.

스타일 범위는 다른 사람들에게 영향력을 행사할 때의 당신의 능력을 파악하는 데 중요합니다. 따라서 스타일 범위를 알고 있으면 영향력을 행사하는 데 도움이 됩니다. 관건은 기본 스타일 외에 다른 스타일을 언제 활용하느냐입니다.

리더십 스타일 프로파일은 리더의 행동의 취향성(preferences)과 경향성(tendencies)을 나타냅니다. **스타일 적응성**은 특정한 상황에서 얼마나 부하직원들의 준비상태에 맞도록 적절하게 당신의 행동을 조절할 수 있는지를 나타냅니다.

도표 2에 기록된 점수는 **LEAD** Self(자가진단용) 와 **LEAD** Other(타인진단용) 질문지에서 제시한 12가지 상황에 대해 개인이 어떻게 반응하는가에 따라 매겨집니다. 매겨진 점수는 상황에 따라 얼마나 적절한 행동을 보였는가를 나타낸 것입니다. 3점이라면 가장 적절한 행동을 선택한 것이고, 0점이라면 성공할 가능성이 거의 없는 것입니다.

점수는 당신의 리더십 스타일 적응성을 숫자로 표시하기 위한 것입니다. 점수범위는 0에서 36까지입니다. 이렇게 적응성을 점수로 표현하는 것은 표준화된 숫자로 적응성 지수를 일반화하는 데 도움을 주기 위한 것입니다.

30-36 이 범위에 해당한다면 높은 적응성을 가진 리더입니다. 이 리더는 상황에 따라 부하직원들의 능력과 업무에 대한 의사/열정을 정확하게 분석하고 적절하게 대응합니다.

24 – 29 이 범위에 해당한다면 중간 정도의 적응성을 가진 리더입니다. 이 리더는 보통 명확한 기본 스타일을 가지고 있지만 보조 스타일을 활용하는 데는 융통성이 그다지 많지 않다고 할 수 있습니다.

0 – 23 적응성 점수가 23 이하인 경우에는, 업무처리에 대한 준비상태를 분석하는 능력과 적절한 지도행동을 활용할 능력을 개발하기 위한 자기발전이 필요하다는 것을 의미합니다.

문의 및 주문 연락처
Center for Leadership Studies
230 Third Ave. Escondido, CA. 92025
전화 1-760-741-6595, 팩스 1-760-747-9384
www.situational.com

한국:선교횃불
서울 송파구 삼전동 103번지
전화 02-2203-2739, 팩스 2203-2738

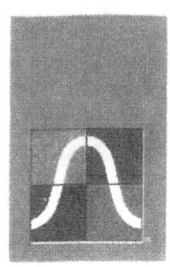

LEAD 리더십 360°
PROFILE(프로파일)
리더십 연구센터 개발

_____ 의 리더십 데이터 프로파일

목적

 이 리더십 서식은 **LEAD** Self (자가진단용)와 **LEAD** Other(타인진단용)에 대한 당신 자신의 응답을 당신의 상관, 동료, 부하직원들의 응답과 연결시켜서 차트로 보여줍니다. 이 자료는 당신의 상관이나, 동료, 부하 직원들이 당신의 형태와 어떻게 조화를 이루는지 또 어떻게 다른지를 보여줄 수 있을 것이고, 또 당신의 스타일과 유연성의 전반적인 범위를 제공해 줄 것입니다.

Leadership **E**ffective & **A**daptability **D**escription
리더십의 영향력과 적응성 해설집

한국 내 저작권은 2000년 도서출판 신교햇불로 등록되어있음

LEAD 데이터 프로파일

핵심 사항 : 표시된 데이터는 "타인"의 응답에 대한 평균치를 나타냅니다.

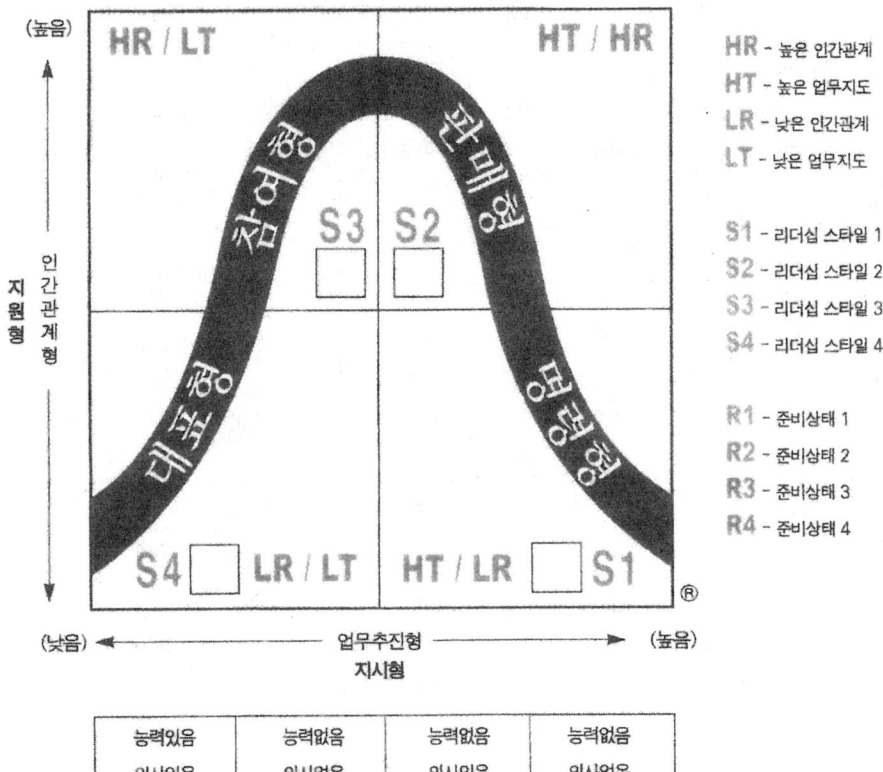

자세한 해설은 "상황을 이끄는 리더가 성공한다" (Paul Hersey/이영운 역/도서출판 선교횃불)에 나타난 상황대응형 모델을 참고하시오.

360° 리더십 스타일에 대한 피드백(Feedback)

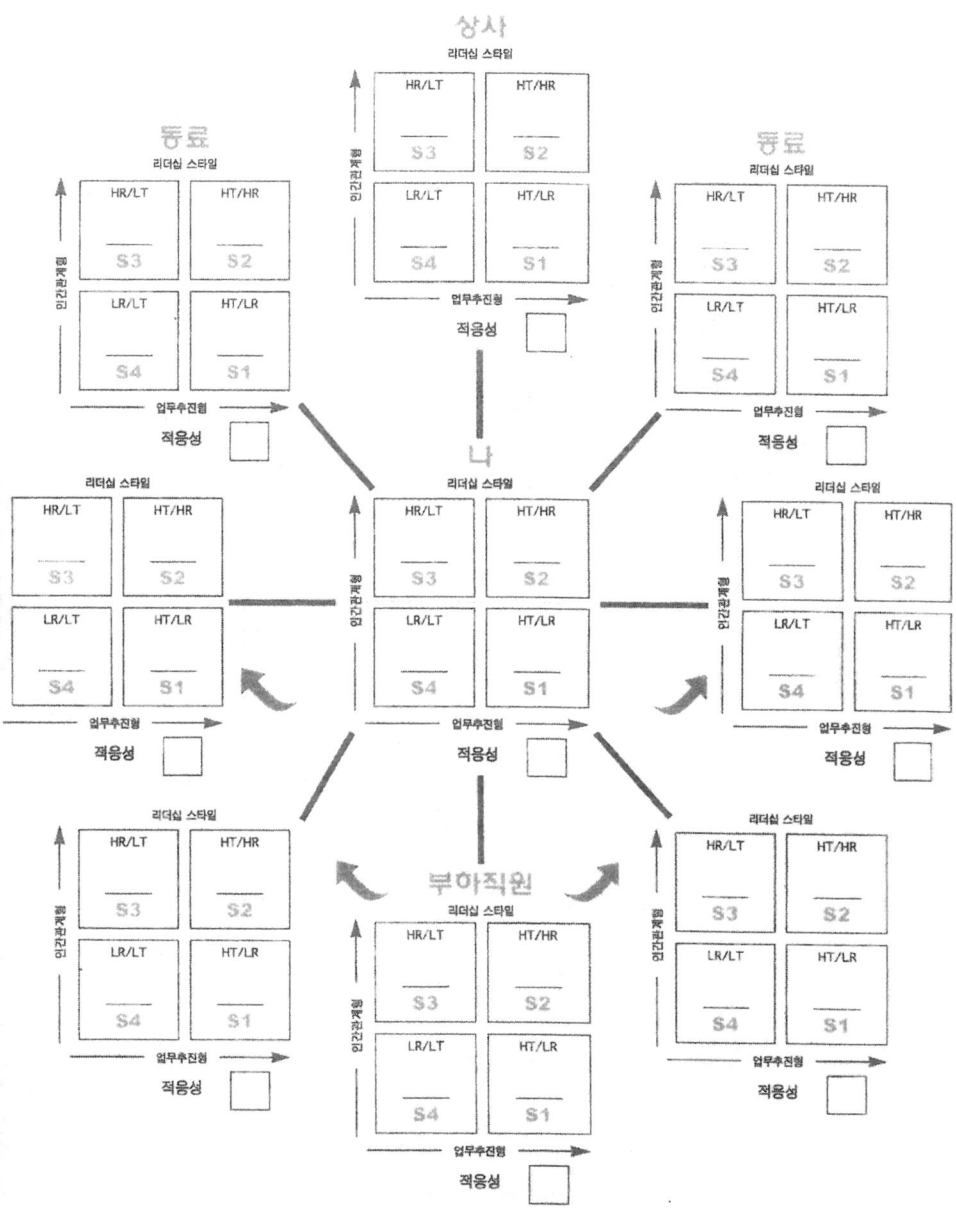

부록 145

분석 노트

문의 및 주문 연락처

Center for Leadership Studies
230 Third Ave. Escondido, CA. 92025
전화 1-760-741-6595, 팩스 1-760-747-9384
www.situational.com

한국:선교횃불
서울 송파구 삼전동 103번지
전화 02-2203-2739, 팩스 2203-2738

상황을 이끄는 리더가 성공한다

2000년 8월 20일 초판 발행
2022년 2월 20일 6쇄 발행

지은이 • 폴허시
옮긴이 • 이영운
발행인 • 김수곤
발행처 • 선교횃불
등록일 • 1999년 9월 21일 제54호
등록주소 • 서울시 송파구 삼전동 103번지
전화 • 02)2203-2739
팩스 • 02)2203-2738
홈페이지 • www.ccm2u.com

* 잘못된 책은 구입하신 곳에서 교환하여 드립니다.
* 본 저작물은 신저작권법에 의하여 한국 내에서 보호받는
  저작물이므로 무단전재와 복제를 엄격히 금합니다.